Johannes Neudegger

Unter dem Kreuz des Südens

Missionsjahre
in Südafrika und Namibia
1993–2001

Lies bitte – 1. Korinther 3:9

Umschlagsabbildung: Pater Johannes Neudegger

eos

Copyright © 2013 by EOS Editions Sankt Ottilien
mail@eos-verlag.de
www.eos-verlag.de

ISBN 978-3-8306-7590-7

Bibliografische Information der Deutschen Bibliothek
Die Deutsche Bibliothek verzeichnet diese Publikation in der Deutschen Nationalbibliografie; detaillierte bibliografische Angaben sind im Internet unter http://dnb.ddb.de abrufbar.

Alle Rechte vorbehalten.
Kein Teil des Werkes darf in irgendeiner Form (durch Fotografie, Mikrofilm oder ein anderes Verfahren) ohne schriftliche Genehmigung des Verlags reproduziert oder unter Verwendung elektronischer Systeme verarbeitet, vervielfältigt und verbreitet werden.

Printed in Germany

Vorwort

„Unter dem Kreuz des Südens" – das mag poetisch klingen und fromm dazu. Das südliche Afrika ist ja auch ein Subkontinent mit einem ihm eigenen Charakter, der den darin liegenden Ländern ein gewisses besonderes Gepräge gibt, das man aber eher erfühlen muss, als analysieren kann.

Irgendwie passen sie alle zusammen, auch wenn jedes Land wieder seine völkischen Eigenheiten hat. Nachdem ich zuerst in Ostafrika tätig war, habe ich nach meiner Versetzung in den Süden dieses Ungreifbare wohltuend empfunden.

In meinem langjährigen Aufenthalt in Ostafrika wurde ich mit vielen harten Situationen konfrontiert und habe dies im vorausgehenden Band „Abenteuer für Gott" zu schildern versucht. In diesem Buch soll zum Ausdruck kommen, dass die Innerlichkeit des Menschen das Leben noch stärker bestimmt als äußere Ereignisse. Ich konnte dies erspüren in allen zehn südafrikanischen Ländern. Das Leben mit diesen Menschen wurde in gleicher Augenhöhe vielfach zu einem höchst wertvollen Erleben, das sich auch durch die Kapitel dieses Buches ziehen und mitempfinden lassen soll, welche hohen Werte sich in der afrikanischen Seele verbergen.

Wie der erste Band so soll auch dieser Nachfolgeband keine Autobiographie darstellen, sondern die Höhen und Tiefen dortiger Erlebnisse schildern und den Leser in den einzelnen Kapiteln, die je eine Einheit bilden wollen, hindurchführen.

Da die Welt immer kleiner wird, mag dieses Buch auch den einen oder anderen Leser auf den Gedanken bringen, dass eine Begegnung mit diesen Menschen eine gelegentliche Reise dorthin wert ist.

Sankt Ottilien, im Februar 2013
Johannes Neudegger

Inhaltsverzeichnis

Vorwort	1
Schicksal oder Führung?	9
Inkamana	12
Schnee-Katastrophe in Afrika	16
Malawi	19
Fahrt ins Graue	23
Auf nach Namibia	33
Die neue Aufgabe	37
Wehrhaftigkeit gefragt	42
Pater Pauls Wüstenmaus	47
In der Namib	52
So nebenbei …	57
Geistliche Strategien	60
Poor Clares	67
Osire	71
Königsgräber	81
Der König	86
Taufabenteuer	94
Dicke Brocken	97
Otjikondo	99
Von Kindern lernen	104
Katholisch, evangelisch und was noch?	109

Der Tod lässt grüßen	113
Die Kinder von Waldfrieden	116
Die kleine Spitzkoppe	123
Kinder von Nirgendwo	126
Lefebvres Jünger	135
Pater Ildefons	139
Bergkameraden …	142
Durchhalten	146
Buschbrand	151
Zum guten Ende	155

Schicksal oder Führung?

In der Regel des heiligen Benedikt ist hervorgehoben, dass der Mönch in seinem Oberen Christus sehen soll. Daraus folgt auch der unbedingte Gehorsam, ein Grundpfeiler des Ordenslebens und eines der drei Gelübde.

Nachdem Benedikts Regel über anderthalb Jahrtausende hin Geistes- und Kulturgeschichte in Europa und darüber hinaus gestaltet hat, ist sie in allen Punkten auch heute noch ernst zu nehmen. Doch ist gerade die Lehre vom Gehorsam heutzutage ein Problem im Leben vieler Ordensleute.

Konkurriert der Gehorsam nicht mit dem freien Willen, den Gott jedem Menschen als Teil seiner Gottähnlichkeit gegeben hat? Dann wohl nicht, wenn sich im Willen des Oberen auch wirklich der Wille Gottes ausdrückt. Dies war im Leben des hl. Benedikt wohl der Fall. Aber war der hl. Benedikt nicht ein wenig zu gutgläubig hinsichtlich seiner Nachfolger in obrigkeitlichen Ämtern? Erwähnt nicht die Kirchengeschichte viele Fälle, dass Äbte in ihrer Selbstsucht ihre Klöster schwer geschädigt und sogar zugrunde gerichtet haben? Kann da der Gehorsam eines Mönches nicht zur Mitbeteiligung am Bösen werden? Dies kann sich auch durch vielleicht gut gemeinte Irrtümer eines diktatorischen Oberen ergeben.

So steht der dem Gehorsam verpflichtete Mönch zuweilen in der Gewissensnot, entscheiden zu müssen zwischen dem Willen des Oberen und was er selber als den Willen Gottes zu erkennen glaubt, wenn beide nicht in Einklang zu bringen sind. Was ist dann zu tun? Ist es dann sein Schicksal, in das er sich gehorchend ergibt oder verbirgt sich darin doch der schwer verständliche Wille Gottes?

Mit diesen Fragen war ich immer wieder im Laufe meines Ordenslebens konfrontiert. So auch im Jahre 1993. Nach sehr schweren Jahren in Uganda war ich abgelöst worden und mit 64 Jahren in die Gemeinschaft meines Mutterklosters zurück integriert worden als Missionsveteran. Ich war zwar keineswegs in einer Art Ruhestand gelandet, aber doch in der Geborgenheit mitbrüderlicher Gemeinschaft einfach zuhause und fühlte mich wohl, nun einen geruhsameren und beschaulicheren mönchischen Lebensabend verbringen zu dürfen.

Da rief mich Erzabt Notker Wolf zu sich. Er hatte ein Anliegen. Da lagen Aufnahmegesuche von jungen Männern in Namibia vor, die in St. Ottilien eintreten wollten. Darüber aber aus der Ferne zu entscheiden, war zu vage. So fragte der Erzabt: „Bist Du bereit, nach Namibia zu reisen und die Leute aufzusuchen und im Gespräch mit ihnen zu klären, ob an diesen Gesuchen was dran ist?" Ich verstand die Wichtigkeit des Anliegens und war bereit einzuwilligen. Doch war ich bisher nur in Ostafrika tätig gewesen und hatte den Raum des südlichen Afrikas noch nie betreten. Da aber offensichtlich niemand anderer bereit war oder in Frage kam, so willigte ich ein. Ich würde ja bald wieder nach Sankt Ottilien zurückkommen.

Oder gingen die Gedanken des Oberen weiter und war dieser Auftrag nur die erste Stufe einer weiteren Entwicklung?

Ich fuhr los, aber nicht direkt nach Namibia. Es schien mir ratsam zu sein, erst einmal unsere Abtei in Südafrika, Inkamana, aufzusuchen. Dort konnten mir wohl viele Fragen beantwortet werden, und ich erwartete auch eine gewisse Rückendeckung, falls ich derer bedürfen sollte.

Im Gespräch mit dem wohlwollenden Abt kamen wir zum Entschluss, dass es in jedem Fall besser sei, solche Kandidaten, anstatt sie ins ferne und ihnen fremde Europa zu schicken, erst einmal im Nachbarland Südafrika aufzunehmen und auszubilden. Damit war die Verantwortung nicht allein mehr auf meinen Schultern, und erleichtert trat ich meine erste Reise nach Namibia an.

Ich fand dort eine ganze Gruppe von Burschen vor, die auf Anhieb einen recht guten Eindruck machten. Wir einigten uns, mit einem ausgeliehenen Minibus durchs Land zu fahren. Sie

Theodor: ein Klosterkandidat aus Malawi

wollten mir ihre Heimat zeigen mit ihrem Zuhause, und das war auch ganz in meinem Sinn.

Nach ungefähr einer Woche fand ich zwei geeignet und auch bereit, mit mir nach Inkamana zu fahren. Die anderen aber, die schulisch noch nicht so weit waren, sollten einfach als Anwärtergruppe in Verbindung miteinander bleiben und eventuell später nachfolgen.

So konnte ich also bereits zwei Jungen dem Abt vorstellen als neue Postulanten, wie Neulinge im ersten Probejahr im Kloster genannt werden.

Nun wollte ich wieder nach Erfüllung dieses Auftrages nach Deutschland zurück fliegen.

Aber da bat mich der Abt: „Ich habe auch Aufnahmegesuche aus Malawi. Könntest Du nicht auch dort hinfahren und nachforschen?" Malawi, das frühere Nyassaland, kannte ich bisher nur aus dem Erdkundeunterricht. Ermutigt durch die erste erfolgreiche Tour, übernahm ich dies als einen Anhang zu meinem eigentlichen Auftrag. Auch dort fand ich mehrere vielversprechende Jugendliche und wiederum konnte ich zwei Anwärter mit nach Inkamana bringen.

Nun aber wollte ich wirklich endlich nach Sankt Ottilien zurückkehren, da hatte der Abt eine zweischneidige Überraschung für mich: „Du gehörst jetzt zu mir. Der Erzabt hat dich nach Inkamana versetzt. Du brauchst also nicht nach Sankt Ottilien zurückzufahren." Punktum. So einfach ist dies. Schicksal? Führung? Ich nahm an, dass der Wille des Oberen auch der Wille Gottes ist und dann darf es kein Zögern geben. Ich zögerte nicht. Die Folgen für meinen erhofften Lebensabend schildern die nächsten Kapitel. Ich bin in diesem Fall im Nachhinein überzeugt: Es war der Wille Gottes.

Inkamana

Inkamana ist ein sehr schön angelegtes Kloster, das bei der südafrikanischen Stadt Vryheid gelegen ist. Ich war dort ohne Zeitlimit zugeteilt, aber auch ohne eine spezielle Dauertätigkeit. Trotzdem fühlte ich mich in dieser Mitbrüdergemeinschaft durchaus wohl. Jeder Tag brachte wieder andere Beschäftigungen, Einkehrtage oder Exerzitien in anderen Klöstern, Gottesdienstaushilfen in Pfarreien, Sondergottesdienste in Ngome, einer Wallfahrtsstätte in der Nähe, Einkäufe in der

Luftansicht der Abtei Inkamana

Stadt oder sonstige Erledigungen. Und da war auch unser Studienhaus in Howick bei Durban, von wo aus unser Klosternachwuchs in Pietermaritzburg studierte. Da hatte ich eine längere Urlaubsvertretung des dortigen Hausoberen zu übernehmen. Ich tat dies gerne, kam mir aber vor wie ein Lückenbüßer. Es gab kein richtiges Profil für meine Beschäftigung, sozusagen Arbeitsbeschaffungsmaßnahme, und trotz besten Wohlergehens war ich nicht besonders glücklich.

Eine Änderung kam von oben. In Inkamana betreibt das Kloster ein Gymnasium mit Internat, das fast nur von Zulus besucht wird, dem dort ansässigen Stamm. Es waren um die hundert Schüler und etwas mehr Schülerinnen. Die Schule hatte einen landesweiten guten Ruf als eine der besten Schulen Südafrikas. Das ganze Kloster war stolz darauf, hatte diese Aufgabe doch auch den Fortbestand des Klosters zur Zeit der Rassentrennung gesichert.

Die Schüler kamen zumeist aus prominenten Familien, welche die nicht billigen Schulgebühren bezahlen konnten. Der Präfekt für die Jungen wurde anderweitig eingesetzt, und so sollte ich die Lücke füllen. In guter Erinnerung an die gleiche Tätigkeit in Deutschland in St. Ottilien und Dillingen fühlte ich mich erfahren genug, für die beträchtliche Zahl Zulus in der außerschulischen Zeit die Eltern zu vertreten. Aber da war doch ein ziemlicher Unterschied. Hatte ich bei den deutschen Jungen viel mit Vertrauensvorschuss gearbeitet, zu überzeugen versucht, bevor Strafe korrigierend eingreifen musste, und sie vor allem ermutigt, ihre guten Seiten zu erkennen und zu entwickeln, so wurde ich von den afrikanischen Wohlstandsknaben mehr als Trainingsgerät zur Entwicklung ihres Durchsetzungsvermögens angesehen. Natürlich, die Jungen waren Nachfahren der sprichwörtlich gefürchteten Zulukrieger unter ihrem einst grausamen König Shaka, der das östliche Südafrika in Bewegung hielt und ein Reich bis nach Malawi hinauf eroberte. Stämme, die sich nicht freiwillig in sein Imperium eingliedern wollten, wurden gnadenlos ausgelöscht.

Von ihm wird erzählt, dass er unnachsichtig mit eiserner Faust seine Macht ausübte. Es war bei seinem Auftreten nicht ratsam, sich in seiner Sichtweite aufzuhalten. Wenn ihm etwas an seinem Gegenüber nicht gefiel, etwa von ihm nur angeblickt zu werden, so genügte ein Blick oder Wink zu einem seiner schwerbewaffneten Leibgardisten, und schon war der Kopf des Neugierigen nicht mehr da, wo er hingehörte.

Obwohl etwa eine Million Menschen auf sein Konto gehen sollen, wird er noch heute als großer König öffentlich gefeiert. Und so einer soll das große Vorbild der Jugend sein? Dass aber dieser Herrscher zu solchen Methoden griff, zeigt, dass sein Volk nicht leicht zu führen war.

Kein Wunder, dass etwas von solch königlichem Gehabe auch auf die hundert Zulu-boys abfärbte. Alle wollen im Klassenzimmer und auch außerhalb regieren. Gehorchen ist weniger gefragt, weder bei der Jugend noch bei Kindern. Und doch wurde von ihnen erwartet, dass sie auf Grund bester Ausbildung sich alsbald zur Landeselite aufschwingen würden. Von solchen Höhenflügen war jedoch noch nicht viel wahrzunehmen, eher von Bodenkämpfen in den Klassenzimmern oder Schlafsälen. Es waren eben Zulus, würdige Nachfahren ihrer kriegsfreudigen Vorfahren. Erzieherisches Bemühen in Verständnis und Milde wurde eher als Schwäche des Erziehers aufgefasst.

Die Jugend des Zululandes ist immer noch stolz auf König Shaka, was sie nicht gerade zum Frieden motiviert. An sich war ja jeder der Burschen von gutem Aussehen, kraftstrotzend, einsatzbereit, sogar sympathisch, aber der tägliche Kleinkrieg um die Oberherrschaft im Internat schien diesen Jungkriegern Shakas durchaus angemessen. Jetzt wusste ich, warum mein Vorgänger weg wollte. Ich hatte eine harte Zeit, musste ständig am Ball bleiben, und so allmählich blieb auch den rebellischeren Charakteren keine andere Wahl, als sich den Unerlässlichkeiten des Gemeinschaftslebens unterzuordnen, obwohl jeder lieber kommandieren und anschaffen als dienen wollte. Es ging von Monat zu Monat besser.

Da kam es, vielleicht wegen aufgestauten Grimmes, zu einer ungewöhnlichen Kraftprobe. Wegen einer lächerlichen Kleinigkeit rief die Abiturklasse alle Jungen zu einem Schulstreik auf. Der Unterricht und die Hausordnung wurden sabotiert. Es ging letztlich nicht um eine Sache, die im Gespräch mit Verhandeln einfach zu lösen gewesen wäre. Der eigentliche Sinn des Streiks war, eigenwillige Stärke zu zeigen durch Gewinnung der Oberhand.

Ich war mir aufgrund heimlicher Drohungen nicht mehr sicher, ob womöglich eine Rotte nachts in mein Zimmer einbrechen würde, um mir eine spürbare Lehre zu erteilen. Die Gerüchte darüber verdichteten sich. So weit wollte ich es aber nicht kommen lassen und nutzte die Gelegenheit zu meinem Rücktritt. Ich war ja nicht im Zululand geblieben, um mich als Fußabstreifer missbrauchen zu lassen. Damit hatten die Anführer wohl nicht gerechnet. Ein Zulu an meiner Stelle hätte mit Gegengewalt geantwortet. Aber das widersprach mir.

Die Folgen meines Rückzuges aber waren hart. Die Schulleitung übernahm den Fall. Die ganze Abiturklasse, die geeint vorgegangen war, wurde sofort ohne Ausnahme entlassen. Die Eltern wurden verständigt, ihre Söhne abzuholen. Sie kamen auch alsbald, wollten Gnade erbitten. Ich machte mich zum Fürsprecher der Dummköpfe. Aber es half alles nichts. Die ganze Schuldisziplin stand auf dem Spiel, und da musste die Schulleitung eben dieses lehrreiche Beispiel konsequent durchführen. Mir tat es im Nachhinein Leid, aber es waren eben die Betroffenen selber, die für ein paar Stunden die Oberhand genießen konnten, aber anderswo dafür ein Jahr länger in die Schule gehen mussten. Vermutlich haben sie daraus gelernt. Für mich aber war nun die Chance, zu einem passenderen Einsatz zu gelangen. Ich betrachtete meinen Rücktritt für endgültig und zeigte mich nicht mehr bereit, für die acht niederen Klassen weiterhin Trainingsgerät zu sein.

Mein Nachfolger wurde ein Zulu. Aber selbst dies konnte das weiterhin schwelende Problem nicht lösen.

Schnee-Katastrophe in Afrika

„Die Dominikaner in Lesotho bitten um einen Pater, der ihnen Exerzitien hält. Übernimm das doch bitte," informierte mich der Abt.

Lesotho ist ein unabhängiges afrikanisches Königreich, das wie eine runde Insel im großen südafrikanischen Territorium ruht. Dort hat das Christentum längst tiefe Wurzeln geschlagen. „Und dabei kannst Du gleich auch nach ein paar Aufnahmeinteressenten sehen. Hier hast Du die Briefe," fügte der Abt hinzu.

Einzelheiten wurden geklärt, der Termin festgelegt und ich machte mich auf die Reise. Es ist gar nicht so weit von

In den Drachenbergen

Inkamana entfernt. Landschaftlich interessant sind dabei die Drachenberge, über deren Hauptkette eine schöne Straße gebaut ist, die dann über das südafrikanische Bethlehem führt, wo der deutsche Bischof Huber, ein guter Bekannter von mir, residierte. Von dort führt eine andere Straße zur Grenze Lesothos zu und direkt in die grenznahe Hauptstadt Maseru.

Warum die Drachenberge diesen abenteuerlichen Namen führen, war nicht ersichtlich, wenigstens musste ich keine Drachenkämpfe bestehen. Doch ein bisschen unheimlich war mir bei der Durchquerung schon. Wohl ganz zu Unrecht?

Die Dominikaner hatten in Maseru ein nettes kleines Kloster entwickelt. Sie kämpften allerdings mit mir schwer verständlichen Problemen miteinander und sprachen von Wegzug. Ja, mir wurde das ganze Klösterchen zur Übernahme angeboten, ein gemachtes Nest. Es war eine weitere Chance, wie zuvor in Namibia oder Malawi, wo mir ebenfalls ein wunderbares Gelände für eine Klostergründung angeboten wurde. Eintrittskandidaten würden sich bald finden. Zwei dafür freigestellte Mönchsmissionare würden genügen, um Nachwuchs für eine kleine Mönchsgemeinde heranzubilden. Interesse wäre genug vorhanden.

Kleine Klöster könnten eine starke geistliche Strahlkraft aufs ganze Hinterland ausüben. Mir tat es in der Seele weh, dass Inkamana, das große dortige Mutterkloster, einfach zu wenig Personal dafür freimachen konnte. So blieben diese Chancen ungenützt.

Ich versuchte in den Exerzitien Optimismus zu verbreiten. Vielleicht hat dies kurzfristig geholfen, aber nicht lange angehalten. Das Kloster wurde etliche Monate später aufgegeben.

Ich machte mich wieder auf die Rückfahrt und freute mich auf die erneute romantische Überquerung der Drachenberge. Es dauerte nicht lange, da fegte ein eiskalter Wind heran. Dann fing er an, Schneeflocken vor sich her zu treiben, keine schönen großen weihnachtlichen Flocken, sondern feinsten Pulverschnee. Immer mehr verdichtete sich das stürmische Schneetreiben.

Die Straße wurde rutschig, hatte ich doch nur Sommerreifen. Als ich die vielen Serpentinen zum Pass hinaufschlitterte, war alles schon in tiefes Weiß getaucht. Ich wurde immer unsicherer, ob ich die Passhöhe erreichen würde. Vor mir waren riesige fünfachsige Lastwagen auf ihrem Weg wohl zum Hafen von Durban. Auch sie hatten Rutschprobleme. An Überholen war nicht zu denken. Also rutschte ich geduldig hinter diesen Riesenbrummern her. Sind dies vielleicht die Drachen, oder ist es der bissige Sturm?

Glücklich wurde von allen die Passhöhe erreicht. Das Abfahren auf der anderen Seite war noch gefährlicher, weil Bremsen vonnöten war und dann das Auto lieber rutschen wollte, als auf der Bahn zu bleiben. Endlich, endlich erreichte ich wieder die Ebene, die schneefrei war und mir normales Fahren bis Inkamana erlaubte.

Am nächsten Tag aber meldeten die Nachrichten eine schlimme Katastrophe. Ein LKW hinter mir hatte sich auf der Serpentinenstrasse quer gestellt.

Sie war damit völlig versperrt. Es bildete sich ein großer Stau. Schneeräumgeräte gab es natürlich nicht. Der Schneesturm wurde noch stärker und wehte die steckengebliebenen Fahrzeuge regelrecht zu. Dann kamen Abend und Nacht. Die heizbaren Autos konnten bis zum Ende des Benzins noch Wärme spenden. Dann brach auch über sie die Kälte herein.

Erst am nächsten Morgen kamen zehn Hubschrauber zur Rettung. Die vielfach zugeschneiten Autos mussten erst unter dem Schnee entdeckt und dann freigegraben werden. Viele Menschen hatten Erfrierungen und 28 waren nicht mehr zu retten.

Wie leicht hätte ich unter ihnen sein können! Wie ich erfuhr, war ich unter den Letzten, die die Überquerung noch geschafft hatten. Ich habe künftig die Drachenberge gemieden.

Malawi

Schon lange bevor ich nach Afrika ausgesandt wurde, hörte ich viel Gutes über dieses Land, das einst als britische Kolonie Nyassaland hieß. So fuhr ich schon, als ich das erste Mal geschickt wurde, gerne dorthin. Es dauerte nicht lange, da waren 56 weitere Aufnahmebewerbungen aus diesem Land im Kloster Inkamana eingetroffen. Wieder wandte sich der Abt an mich, um noch einmal dorthin zu fahren und vor Ort zu klären, bevor Einladungen an solche Interessenten ergehen konnten. Gerne fuhr ich wieder hin und wieder musste ich dabei die zwei dazwischen liegenden Länder Zimbabwe und Sambia durchfahren.

In Lilongwe, der Hauptstadt Malawis, wurde ich gastlich aufgenommen von Bischof Ziyaye. Gerne hätte er ein Benediktinerkloster in seiner Diözese gehabt. Er stellte sogar ein gut geeignetes Grundstück in Aussicht. Ich konnte ihm aber nur Hoffnung machen, dass ich in Malawi gute Kandidaten zur Aufnahme und Ausbildung in Inkamana suchen würde, um sie nach Südafrika einzuladen. Von diesen könnten dann ein Gründerteam für ein Benediktinerkloster zu ihm gesandt werden.

Gottesdienst hielt ich im Kloster der Poor Clares, einer franziskanischen kontemplativen Schwesterngemeinschaft mit vielen jungen Schwestern. Ihr Gesang während des Gottesdienstes war von rhythmischen Bewegungen begleitet und einfach faszinierend.

Dort traf ich auch die Äbtissin, eine sehr beeindruckende und weise Persönlichkeit. Es ergaben sich gute Gespräche. Sie zeigte großes Interesse an meiner Arbeit. Es schien sich ein Dauerkontakt anzubahnen.

Nun aber musste ich mich aufmachen, alle 56 Bewerber in ihrem Zuhause aufzufinden.

Sie waren übers ganze Land verteilt. In kürzester Zeit konnte ich die ganzen einmalig schönen Landschaften dieses wirklich herrlichen Landes kennenlernen. Noch eindrucksvoller aber waren die Jugendlichen und jungen Männer, die ich vorfand. Am liebsten hätte ich gleich alle mitgenommen. Aber da waren die Kriterien zu beachten: Reifezeugnis einer anerkannten höheren Schule, geordnete Familie, gute Beurteilung durch die zuständigen örtlichen Priester, Gesundheit, Einverständnis der Eltern und vor allem die Echtheit der Motivation. Es blieben eine ganze Reihe übrig, die allen Voraussetzungen entsprachen. Die nähere Auswahl aber wollte ich erst mit meinem Abt besprechen und versprach schriftliche Benachrichtigung. Ich wunderte mich über die große Strahlkraft, die Inkamana auf solche Entfernungen noch ausübte, oder waren es die beiden Vorläufer, die ich schon von meinem vorherigen Besuch in Malawi mitgebracht hatte? So etwas kann die Buschtrommel im Lande rasch verbreiten.

Schließlich hatte ich alle 56 Bewerber aufgesucht und ich konnte mich nach einem Informations- und Abschiedsbesuch beim Bischof von Lilongwe wieder auf den Heimweg machen.

Die Fahrt ging wieder durch die Hauptstadt Zimbabwes, Harare. Bei dieser Gelegenheit suchte ich nach einer Überfahrt von Simbabwe nach Mosambik.

Der Straßenkarte nach wäre die einfachste Route über Umtata, jetzt Mutare genannt. Aber da war keine Überfahrt ins benachbarte Mosambik verzeichnet. Ich konnte dies nicht glauben und wollte einfach selber nachsehen.

Die Fahrt dorthin war landschaftlich wunderbar. Schließlich in Umtata angelangt, war sofort klar, warum es keine Überfahrt gab. Eine gewaltige Gebirgskette versperrte jede Möglichkeit. Ich kam mir vor wie in Garmisch, aber von mehreren Zugspitzen umgeben.

Nachdem ich schon mal dort war, besuchte ich einen Pfarrer. Ich wollte Inkamana bekannt machen. Warum sollten wir nicht auch Nachwuchs aus Zimbabwe erhalten? Der Priester gab mir mehrere Anschriften und ich machte dort Besuche, die durchweg auf Interesse stießen. Für die nötigen Vertiefungsbesuche war Umtata allerdings sehr abgelegen. Der Versuch verlief im Sand.

Die Rückfahrt nach Harare führte über die Stadt Macheche. Dort ist ein berühmtes Gymnasium, genannt Cassino. Dies erweckte mein benediktinisches Interesse. Ich wurde dort freundlich aufgenommen und blieb über Nacht. Sorgen wurden ausgetauscht. Die Schwestern vom Kostbaren Blute dort wollten, dass ihr Cassino wieder ein Monte Cassino würde, nämlich dass sie Benediktiner erhielten zur Jugendseelsorge und der geistlichen Betreuung der Schwestern. Am liebsten hätte ich ihnen Hilfe aus Inkamana versprochen, so schön war diese ganze Anlage. Aber ich hatte gute Beziehungen zu Ampleforth, einer großen Abtei in England. Simbabwe ist ja ohnedies nach England orientiert und daher die englische Benediktinische Kongregation mehr zuständig als Inkamana. Ich versprach den Schwestern, dorthin zu schreiben und zu erläutern, wie wichtig gerade jetzt in Zimbabwe, wo es noch keine Benediktiner gab, ein Monte Cassino sei. Die Voraussetzung zu einer Initiative sei sehr günstig. Am liebsten wäre ich selber gleich dort geblieben.

Die Abtei Ampleforth hatte sich an missionarischen Unternehmungen schon verschiedentlich hervorgetan. So wunderte es mich nicht, als ich Jahre später einen Jahresbericht von einer dortigen kleinen Benediktinergemeinschaft in die Hände bekam.

Bei weiterer Durchquerung Zimbabwes konnte ich es mir nicht verkneifen, noch einen Abstecher nach Masvingo zu machen, um die Ruinenstadt Great Zimbabwe zu besuchen. Man ist überwältigt, welche Bauten die Menschen dort schon vor über 1000 Jahren erstellt haben. Trotzdem weiß man kaum etwas über dieses Volk, da keine schriftlichen Unterlagen vorhanden sind. Später in Namibia lernte ich den König eines San-Stammes (Buschleute) kennen. Der hatte angeblich schriftliche Überlieferungen, dass vor Jahrhunderten sein Stamm dort ansässig war, bevor er nach Namibia weiterzog.

Nach meiner Rückkehr ergab die Besprechung mit Abt und Gemeinschaft von Inkamana, dass die Abtei für Malawi eine Tür öffnen solle. Seither haben sich eine Reihe junger Malawier als Mönche in den Konvent integriert und Inkamana ist froh um sie. Die gewaltige Anstrengung hat sich also gelohnt und war nachhaltig.

Zu einem Kloster in Malawi ist es aber noch nicht gekommen. Warum, weiß ich nicht. Vielleicht kann dieses Buch, falls es nach Inkamana kommen sollte und dort gelesen wird, an dieses alte Versprechen erinnern.

In Namibia winkte ein riesiges und friedvolles Arbeitsfeld. Über 200 Missionsschwestern in 22 Niederlassungen waren seit vielen Jahren ohne entsprechende geistliche Betreuung. Immer wieder kamen von dort Notrufe nach Inkamana. Sie hatten seit ihrem Beginn in Namibia 1922 ein Recht auf einen Spiritual ihres eigenen Ordens. Dieser wurde aber wegen Personalmangels nie gewährt.

Ich sah darin eine Möglichkeit zu einem konstanteren Wirken, zumal ich mich nicht mehr für jung genug hielt, in Sachen der Firma „Gott und Sohn" dauernd auf Achse zu sein.

Allerdings wäre ich in Namibia der einzige Priester meines Ordens. Trotzdem versuchte ich, die Gesuche der Schwestern aus Namibia durch meine wiederholt erklärte Bereitschaft zu untermauern. Der stete Tropfen tat sein Werk.

Fahrt ins Graue

Während ich noch in Uganda tätig war, konnte ich mich über Mangel an Unruhe, Abenteuer und Unsicherheit nicht beklagen. Aber was man aus Südafrika zu hören bekam in den Nachrichten, konnte einem das Blut in den Adern zum Stocken bringen. Also doch lieber hier in Uganda sein, dachte ich damals, als im tobenden Südafrika. Wieder zurück in Deutschland, konnte ich genießen, was es bedeutet, in Sicherheit leben zu können.

Trotzdem war ich nun in Südafrika gelandet. Wo aber sind nun die Geplänkel, Unruhen, Aufstände, Blutvergießen? All dies schien sich mehr auf die Zeitungen und die Nachrichtenübermittler zu beschränken. In Südafrika lebte es sich für die Macher der öffentlichen Meinung natürlich viel besser als in Uganda. Also musste Südafrika zur Medienreife aufgebaut werden. Die Realität zeigte sich aber viel friedlicher.

Was ich an Krieg allenfalls erlebte, das waren die 100 Zulu-Boys im Internat des Klosters, aber dieser Krieg war bereits vorbei. Eine neue Aufgabe wartete auf mich.

Es ging auf Weihnachten zu. Der Abt des Klosters hatte keinen Mangel an Aufträgen.

So ein Auftrag kam, als der Bischof von Quelimane im Norden Mosambiks an meinen Abt einen Brief richtete, mit der Bitte, in seiner Diözese einen benediktinischen Anfang zu unternehmen. Er hätte junge Kandidaten mit diesem Ziel und auch Grund und Gebäude dafür.

Um Näheres zu erfahren, bat mich also mein Abt, mit einem Auto einfach dorthin zu fahren und gründlich nachzusehen, was da vorgegeben sein könnte: ‚Nur so einfach!'

Der nächste Weg war das ja nicht gerade, und ich sollte zudem allein fahren, da niemand sonst als Begleiter zur Verfügung stand. So machte ich mich auf den holperigen Weg, den Bauch voller Schmetterlinge.

Die Fahrtroute sollte zuerst nordwärts nach Zimbabwe gehen und dann über Sambia ostwärts nach Malawi bis zum großen Nyassasee. Von da ging es wieder südlich, um die Südküste zu umrunden und dann vom Ostufer aus weiter nach Osten bis zur Grenze von Mosambik zu gelangen. Bis dahin war das Wetter günstig und die Straßen waren trocken. Als ich aber nach Mosambik hineinfuhr gegen den indischen Ozean zu, brach mit Wucht die Regenzeit herein. Es regnete nicht nur, es goss und kübelte. Im ständigen Auf und Ab des welligen Geländes musste ich unten fast immer durch zusammengelaufenes Wasser fahren in der Hoffnung, dass es nicht zu tief wurde. Mit frischem Schwung ging es jeweils ins tiefe Nass hinein, im ersten Gang mit Vollgas durch bis zur andern Seite. Dies ging ganz gut, und so bekam ich den Mut, meinen Plan ein wenig zu ändern. Ich wollte die Gelegenheit zu einem Abstecher nützen, nämlich das nahe Kloster Ndanda im Süden Tansanias besuchen. Es wäre sinnvoll gewesen, meinen Auftrag mit dem dortigen Abt zu besprechen. Die Abtei Ndanda lag ja viel näher an meinem Ziel als Inkamana in Südafrika und gehört ebenfalls zur eigenen Kongregation. Der Abt wüsste sicher Rat und hätte vielleicht auch Hilfsmöglichkeiten. Vielleicht könnte er mir einen Helfer zur Verfügung stellen. Also fuhr ich nach Norden, den Ozean entlang. Das ging soweit ganz gut, bis dichter, dschungelartiger Busch meinem Vordringen langsam ein Ende setzte. So konnte ich den Ruvuma Fluss, der die Grenze zu Tansania bildet, nicht erreichen. Ich erkundigte mich und erfuhr, dass der etwa einen Kilometer breite Fluss nicht zu überqueren wäre. Keine Brücke, keine

Fähre. Also wieder zurück, südwärts nach Quelimane, wo ich dann bald den Bischof traf. Er war ein freundlicher Mann, ein Jesuit. Seine Benediktineranwärter waren rasch zur Stelle. Ich quetschte sie ins Auto, weil sie den Weg wussten, wo der Bischof seine Neugründung haben wollte. Wir fanden es bald – ein verlassenes Schwesternkloster, das beim zurückliegenden Krieg mehr als angekratzt worden war. Immerhin schien es eine restaurierbare Anlage zu sein, durchaus geeignet auch als Männerkloster. Die mich führenden Jungen machten einen recht guten Eindruck. Wir bräuchten jetzt nur zwei Mitbrüder, die den Mut zum Neubeginn hatten, und es könnte ein schönes Benediktinerkloster daraus werden. An weiteren Aufnahmebewerbern würde es nicht fehlen.

Ich konnte dem Bischof natürlich keine Zusage machen, wohl aber meine persönliche positive Sicht der Dinge ausdrücken mit dem Versprechen, alles meinem Abt zu schildern.

Nun aber war es höchste Zeit, mich auf den Rückweg zu machen. Weihnachten stand vor der Tür. Ich wollte die an die 2000 km lange Küstenstraße nach Süden fahren bis zur Landeshauptstadt Maputo und dann durch Swaziland direkt nach Johannesburg und Inkamana gelangen. Dies wäre bis Weihnachten zu machen gewesen. Ab dem Sambesi, dem großen südafrikanischen Strom, würde die Straße nach Süden ein Genuss werden, eine Traumstraße, so wurde mir vorgeschwärmt. Die Fahrt bis dorthin war allerdings mehr ein Alptraum. Immer wieder musste ich mit meinem Toyota Corolla neben eingebrochenen Brücken durch Flüsse fahren. Dieser kleine Renner wäre besser ein Amphibienwagen gewesen.

Dann ging es auf lehmverschmierten Straßen durch Urwald und immer wieder durch Wasser, in zügig schlitterndem Tempo dahin in der Hoffnung, dass Unterwasserhindernisse nicht die Reifen zerfetzen würden. Dann kamen wieder morastige Lehmstraßen, dass der Lehm, der sich in den Radkästen sammelte, immer wieder die Reifen blockierte. Mit Ästen stocherte ich mühsam heraus, was mich am Weiterfahren hinderte und so vielleicht wieder für ein paar Kilometer flott werden ließ. Dann kam eine Stelle, die durch eine Autoansammlung völlig verstopft war. Es war Abend. Nichts ging mehr. Ich musste mich auf eine Nacht im Auto einrichten. Dazu kam ein inneres Drängen, das unbedingt ein Nachgeben forderte. Wo war doch gleich wieder das Toilettenpapier? Vergessen! Und wo kann ich mich auf dem freien Gelände den eventuell neugierigen Blicken der vielen anderen Straßenopfer entziehen?

Da stand ein großer Termitenhügel, der etwas Sichtschutz bot. Aber Papier? Jesus, wie hast Du das damals gemacht? Du hattest doch den gleichen Leib mit den gleichen Notdürften. Damals hattest Du doch auch kein Papier. Ich machte mich auf die Suche nach spärlich vorhandenen Grashalmen. Irgendwie war dann das Problem mithilfe feuchten Sandes gelöst, zumal der Körper einfach ungeduldig war. Zufrieden verstaute ich mich im Auto auf dem Rücksitz. Die Füße suchten allerdings den Weg ins Freie durch ein geöffnetes Fenster. Das ging aber nicht lange gut. Ein bald auftretendes feines Summen und Sirren bedeutete Malaria-Alarm. Also Fenster zu und Mückenjagd. Bei dichtem Wagen konnte ich allerdings mein nicht versenkbares Fahrgestell nicht genügend ausfahren.

Aber lieber eine Nacht mit angezogenen Beinen als eine weihnachtliche Malaria.

Am nächsten Morgen ging die Fahrt weiter. Kilometer um Kilometer mussten dem Lehm abgerungen werden. Auf beiden Seiten der Straße standen viele festsitzende Geländewagen. Sie waren einfach zu schwer, um den Gravitationskräften der gewölbten Straße standzuhalten und rutschten auf der durchnässten Lehmstraße seitlich ab ins Wasser hinein. Mein leichter Corolla aber schlitterte flink und behende über alle Rutschpartien hinweg. Ich musste nur Tempo halten und stets jonglieren. Es regnete weiter, ohne Unterlass. Und ich war allein. Mit Recht gilt in Afrika die Regel: Fahre nie allein auf Tour! Das war nicht mehr zu ändern. Also musste mein Schutzengel herhalten.

Plötzlich und unerwartet endete die Straße an einem breiten, dunkel und drohend dahinziehenden Gewässer. Ganze Grasinseln schwammen träge vorbei. Wie aber hinüberkommen auf die andere Seite?

Der Fluss heißt Hire, bekam ich zu hören. Natürlich, das war ja auf der Landkarte der Ausfluss des Nyassasees, den ich nicht ernst genommen hatte. Wo aber, flussaufwärts oder -abwärts ist die Brücke? „Die gibt es nicht", wussten andere Leidtragende. Es gäbe aber eine Fähre. Die schien außer Sichtweite zu sein. Mehrere Autos sammelten sich an. Von Zeit zu Zeit erhob sich daher ein Hupkonzert. Und weiter warten auf Nichts. Oder doch? Da erschien ein Mann auf der andern Seite. Aus irgendeinem kaum sichtbaren Unterstand zog er so etwas wie ein Floß heraus.

Ratternd näherte sich dieser Vertreter der Marine von Mosambik. Er konnte sogar mehrere Autos aufnehmen. Die Auffahrt war allerdings ein Problem. Da war zwischen Land und Schiffsplanke ein unerfreulich breiter Spalt. Der konnte nur mit Schwung überwunden werden. Ich bearbeitete also rechtzeitig das Gaspedal und drauf war ich auf dem unwahrscheinlichen Luxuskreuzer und musste mit Vollbremsung ein Drüberhinaus-Fliegen noch verhindern. Mein Nachfahre war leider weniger glücklich. Er fuhr einen ziemlich schwergewichtigen Vierradrumpler sehr vorsichtig und schon steckte ein Hinterrad im Spalt. Er gab Gas, das Rad rutschte immer schneller, – noch mehr Gas, blauer Rauch stieg auf und dann ein Knall und der Reifen war geborsten. Mit besonderen Tricks wurde der Wagen dann doch noch aufs Schiff manövriert, unter Anwendung des Hebelgesetzes. Was aber macht der Unglücksrabe weiter ohne Reserverad? Gottlob, das ist nur sein Bier. Ich konnte nicht helfen. Weiter ging die Mühsal auf dem anderen Ufer nach Süden, weiter auf den Zambezistrom zu. Nach Stunden winkten von ferne die hohen Brückenmasten. Ich freute mich auf die Traumstraße dahinter. Als ich aber der Brücke über den gut einen Kilometer breiten Fluss nahte, kam die Freude ins Wanken. Die turmhohen Pfeiler ragten stolz und stramm in die Höhe, aber die Verbindung dazwischen war nicht da. Wegen des Bürgerkrieges konnte der Bau nicht fertig gestellt werden. Wann gibt es endlich geflügelte Autos?!

Nicht verzweifeln! Es gibt eine Fähre. Man kann sie sogar weit drüben sehen. Sie setzt sich aber nicht in Bewegung. Kann sie auch nicht. Man sagt, ihr Motor sei in Reparatur. „Wann kommt er zurück?" Weiß niemand. Jedenfalls nicht vor Weihnachten. Der Motor ist in England. –

Was tun? Flussaufwärts gäbe es eine andere Brücke und sogar eine Straße dorthin entlang dem Fluss. „Wie weit ist es dorthin?" Man weiß es nicht, es ist „halt weit". Da nichts anderes bleibt, muss ich mich darauf einlassen. Es wird eine lange Fahrt auf dem, was man dort eine Straße nennt. Schließlich kommen nach Stunden tatsächlich wieder hohe Brückenmasten in Sicht. Sie sind sogar sichtbar miteinander verbunden. Geschafft!

Ja schon, aber... „Die Brücke ist baufällig und daher gesperrt. Kein Fahrzeug wird mehr hinübergelassen." Ein Geldtrick vermute ich und will handeln. Doch es hilft alles nichts. Was willst Du überhaupt drüben? Alle Straßen stehen dort unter Wasser. –

Wenn man bis dahin noch niemals geflucht hat, könnte man es jetzt lernen. Nützlicher ist aber, nach einem Ausweg zu suchen. Niemand weiß Rat. Ich forsche auf meinen verschiedenen Straßenkarten nach, und da ist tatsächlich eine Straße angegeben. Sie führt aber nicht heimwärts, sondern umgekehrt nach Norden. Ich muss zurück nach Malawi, dort noch weiter nach Norden zur Hauptstadt Lilongwe, dann nach Westen bis Lusaka, die Hauptstadt von Sambia und von dort endlich wieder nach Süden über Harare, Hauptstadt von Zimbabwe, nach Südafrika. Wenn das kein guter Erdkundeunterricht ist!

In dieser Not aber lasse ich mich gerne belehren. Also, los geht's!

Natürlich ist wieder alles nass und verschmiert. Doch Kummer gewohnt, drückt mich eher eine andere Sorge. Ich muss durch ein noch nicht geräumtes Minengebiet durch, wie man mir in christlicher Nächstenliebe verriet. Schnell sind diese Höllenknaller im Krieg gelegt und dann versteckt, natürlich nicht registriert, und so jahrzehntelang verborgen, wenn sie nicht freiwillig hochgehen oder ein unglückliches Fahrzeug dazu benutzen. Soll meine Weihnachtsfahrt nach Inkamana vorzeitig als Himmelfahrt enden? Weit und breit ist kein anderes Auto, dem ich mich anschließen könnte in der Hoffnung, dass es zuerst hochgeht. Doch vermutlich wird diese Straße nur von Unwissenden befahren und die gibt es nicht mehr, außer mir.

Was bleibt mir anderes als das Risiko? Also, lieber Schutzengel, passe gut auf, wie schon öfters, und wenn es gut geht, bekommst Du von mir einen Orden. Wenn nicht, dann sehen wir uns endlich und wir feiern Weihnachten zusammen bei dir. Meine irdischen Überreste werde ich den Wildtieren vererben. Die dürfen auch mal was Gutes haben. Der Autoschrott darf vor Ort verrosten und den eisenarmen Boden verbessern. „Unrasiert und fern der Heimat ...", haben wir einst im 2. Weltkrieg in aussichtslosen Situationen immer wieder gesungen, immer im Kreis herum. Jetzt hatte ich die öde Melodie wieder als Ohrwurm im Gehirn hängen. Die Fahrt auf Kohlen dauerte endlos lange. Doch es ging schließlich alles gut. Mein Schutzengel legte keinen Wert auf so was Vergängliches wie einen Orden. Aber es kam für ihn eine andere Bewährungsprobe:

Schon ziemlich tief in Malawi, glaube ich endlich die Schwierigkeiten überwunden zu haben, da treffe ich wieder auf einen Fluss. Er ist nicht sehr groß und deshalb war er auch auf der Karte gar nicht eingezeichnet. Doch solch kleine Flüsse können es trotzdem in sich haben, wenn sie Hochwasser führen. Und ob das Hochwasser war! Es brauste frisch von einem Gebirgszug herunter. Ich schätzte die Breite auf 25 m, die Strömungsgeschwindigkeit betrug mindestens 6 m pro Sekunde, also ein reißendes Tempo.

Ich versuchte, die Tiefe auszuloten, aber nach zwei Schritten ins Wasser stand es mir bereits an der Hüfte und drohte mich mitzureißen.

Es schien das endgültige Aus meiner Weihnachtshoffnungen zu sein.

Also aufgeben? Nicht so schnell. Zurückzufahren würde nichts helfen. Also Flucht nach vorne. Warten, bis die Flut zurückgeht? Das könnte viele Tage dauern. Also Weihnachten am Ufer ohne Essen und höchstens Wasser aus dem Fluss? Lieber nicht. „Jesus, das kannst Du doch nicht wollen!", rumorte es in mir. Also rein in den Fluss. Aber nicht blindlings! Ich versuchte eine mathematische physikalische Lösung in Theorie zu finden. Die Praxis würde dann der Wahrheit dienen.

Ich ging von 30 m Flussbreite aus, sowie 6 Meter pro Sekunde Geschwindigkeit des strömenden Wassers. Die Tiefe würde keine Rolle spielen; denn das Auto musste über die Wasseroberfläche flitzen wie ein flacher Stein. Dem stand aber ein heftiger Wasserwiderstand entgegen. Ich nahm an, er würde einer Vollbremsung entsprechen. Nach dem Richtmaß der Straßenverkehrsordnung muss ein Auto bei 50 Stundenkilometer unter einem Bremsweg vom Quadrat eines Zehntels der Geschwindigkeit bleiben. Also bei 50 Stundenkilometer muss das Fahrzeug nach längstens 25 Metern Vollbremsweg stehen. Nun muss ich aber die Strömung des Flusses einrechnen; denn bei der Überquerung nimmt das schwimmende Fahrzeug schnell die Wassergeschwindigkeit auf, treibt also ab nach unten. Wie weit dies sein wird, hängt von der Zeit der Vollbremsung bis in den Stand ab. Es errechnet sich damit bei 50 Stundenkilometern bis Tempo 0 ein Durchschnittstempo von 25 Stundenkilometern. Bei diesem Tempo legt das Fahrzeug pro Stunde 25 km = 25 000 Meter zurück. Teilen wir dies durch 3600 Sekunden, erfahren wir die Anzahl der Meter pro Sekunde.

Diese beträgt 6,95 Meter. Bei 25 Metern Flussbreite sind dies also 25 : 6,95 Sekunden und das ergibt 3,6 Sekunden

Vollbremsungszeit. In dieser Zeit aber wird das Fahrzeug durch die Strömungsgeschwindigkeit des Flusses 3,6 mal 6,95 Meter abgetrieben. Das sind wiederum bis zu 25 Meter. Diese muss ich also beim Eintritt des Fahrzeugs ins Wasser flussaufwärts vorhalten, um dann genau an der gegenüberliegenden Seite des Flusses anzukommen. Dies war nötig, weil nur da die Ausfahrt auf ein paar Meter flaches Ufer traf.

Die Anfahrtsgeschwindigkeit von 50 Stundenkilometern ist also sehr knapp berechnet.

Der Fluss könnte ja breiter sein und die Reibung und Bremsung größer. Das Auto würde das Ufer nicht erreichen und die Fahrt ginge dann unrettbar den Fluss hinunter. Um sicher zu gehen, fügte ich noch 20 Stundenkilometer dem zuvor angenommenen Eintrittstempo hinzu und kam so auf ein Tempo von 70 Stundenkilometern. Aber wird sich bei diesem Tempo der motorlastige Bug des Corolla nicht ins Wasser bohren und das Auto einen Purzelbaum schlagen?

Das Auto musste unbedingt hecklastig gemacht werden. Da kamen mir zwei Afrikaner zu Hilfe. Sie wollten von mir aufs andere Ufer mitgenommen werden. Glücklicherweise waren sie keine Kleiderständer, sondern gut gepolstert. Wenn sie hinten drin sitzen, dann steht der Bug des Autos höher und wirkt wie bei Wasserskiern. Mein Gepäck musste in den Kofferraum ganz hinten. Der Mut der beiden Fahrgäste war groß. Dem Europäer werden in Afrika ja nicht selten fast übernatürliche Kräfte zugetraut. Ich versicherte mich, dass die beiden Herren schwimmen konnten und dann „rein in die Kiste".

„Jesus, Du bist übers Wasser gegangen, lass mich nun übers Wasser fahren!" – betete es in mir.

Jetzt nichts wie los. Ich setzte etwa zweihundert Meter zurück, dann Schnellstart, Tempo 70 war rasch erreicht. Nun gut zielen, das Fahrzeug im letzten Augenblick vor der Einfahrt etwas nach links reißen dem vorher bestimmten Zielpunkt zu und dann gab es einen großen Krach. Das Wasser dröhnte auf die Windschutzscheibe. Zu sehen war gar nichts mehr. Der Motor heulte auf, also hatten die Vorderräder keine Bodenberührung mehr, – drei Ewigkeitssekunden, der Motor starb ab, das Wasser gab die Sicht wieder frei und das Auto stand mit den Vorderrädern auf dem andern Ufer, genau im Ziel, während die Hinterräder noch im Wasser badeten. Es war also höllisch knapp gewesen. Die Fahrgäste klatschten Beifall. Nach einigem Anlasserorgeln sprang auch der Motor wieder an und zog den Corolla ganz aufs Ufer.

Die anschließende Besichtigung der Front des Autos, die den Aufprall auf das Wasser abfangen musste, war allerdings nicht ganz befriedigend: Das Nummernschild war durch den Aufprall weggerissen worden und wohl flussabwärts gedriftet. Das Blech der Karosserie aber hatte standgehalten.

Jetzt aber mit voller Pulle nachhause. Nochmals eine eingerollte Nacht im mückenumschwebten Auto und schließlich der Heimat zu. Jetzt schienen alle Hindernisse bewältigt. Da setzt plötzlich der Motor aus. Was ist los? Benzin war noch genug im Tank.

Der Motor zeigte von außen keine Veränderung. Weit und breit war keine Hilfe zu erwarten. Warum muss mir dies auch noch passieren!? Heiliger Schutzengel, bei dir im Himmel gibt es doch sicher einen Automechaniker!

Der Verzweiflung nahe, saß ich machtlos am Steuer und döste hilflos vor mich hin. Ich weiß nicht mehr wie lange. Da kam mir der Gedanke: „Probier es doch nochmal". Schlüsseldrehung – und der Motor springt sofort an. Das Ganze war wie ein teuflischer Schreckschuss. Was eigentlich los war, könnte mir allenfalls ein hellseherischer Automechaniker sagen. Das war mir jetzt egal.

Jetzt nur drauf los. Heim, heim, heim. Ich unterbrach nur noch zum Tanken.

Gerade noch rechtzeitig am Heiligen Abend erreichte ich das freundliche Heimatkloster Inkamana und konnte dem Abt über meinen Quelimanebesuch unterrichten. Das erfolgversprechende Klosterprojekt wurde jedoch noch nicht in Angriff genommen. Es konnten keine zwei erfahrenen Mönche dafür freigestellt werden. Außerdem wollte man auch noch die Fertigstellung einer geplanten Brücke über den Ruvuma-Fluss abwarten, welche die Verbindung mit der Abtei Ndanda sehr erleichtert hätte. Ob die Brücke inzwischen fertig geworden ist, weiß ich nicht.

Das mit Lehm und Morast gepanzerte Auto konnte ich leider nicht mehr fotografieren, da es den Reinheitsgesetzen des Klosters so widersprach, dass ein demütiger Mönch sich sofort an die Arbeit gemacht hatte.

Für mich aber war die ganze Fahrt interessant und lehrreich und vielleicht hat auch mein bisher schon recht tüchtiger Schutzengel noch dazugelernt. Man hat es also nicht mal im Himmel so leicht mit diesen Missionaren.

Auf nach Namibia

In Namibia arbeiten seit 1922 Missionsbenediktinerinnen von Tutzing. Sie haben in Windhoek ein Priorat begründet, das dortige Hospital übernommen und arbeiten auch in einer Anzahl von Missionen mit, die weit im Land verteilt sind.

Für die vielen afrikanischen Aufnahmebewerberinnen haben sie eine eigene Kongregation gegründet mit Sitz in Oshikuku im Owamboland. Diese Tochtergründung hat im Lauf der Jahre die Gründermutter an Zahl weit überflügelt. Sie sind zusammen in 22 Missionsstationen tätig in kleinen Gemeinschaften.

Eigentlich sollten auch Benediktinerpatres von Sankt Ottilien dort ansässig sein. Doch ist es nie dazu gekommen, obwohl die Schwestern Anspruch auf einen Spiritual, also einen geistlichen Betreuer haben, der gleichen Ursprungs ist, also der Kongregation von Sankt Ottilien angehört.

Oft haben die Schwestern in Namibia um so einen Spiritual gebeten, aber der Wunsch scheiterte immer wieder am Personalmangel. Schließlich bewarb ich mich als Mitglied der Abtei Inkamana in Südafrika um diese Aufgabe und wurde auch dafür freigegeben. Ich sollte mich den Tutzinger Schwestern im Hospital in Windhoek anschließen.

Da ich zu diesem Dienst ein Auto benötigte, um auch die im Hinterland verstreuten Schwestern besuchen zu können, wurde mir von der Abtei Inkamana ein Auto bereitgestellt, und so wollte ich alsbald mit diesem Auto und meinen Habseligkeiten die Fahrt nach Windhoek antreten.

Inkamana liegt nicht weit vom Indischen Ozean entfernt, und Windhoek nahe beim Atlantischen Ozean. Dazwischen dehnt sich das südliche Afrika.

Ich sollte also von Ost nach West am Wendekreis des Steinbocks Afrika durchqueren.

Auf der Karte maß ich eine Distanz von etwa 2200 Kilometern. Es sollte demnach eine Reise von mindestens drei Tagen werden.

Um gleich am ersten Tag eine gute Strecke schaffen zu können, fuhr ich um drei Uhr morgens von Inkamana ab. Die Straßenverhältnisse waren gut. So kam ich auch rasch voran, – schneller als ich dachte.

Nach etlichen Stunden Fahrt und 700 Kilometern ging der Treibstoff zur Neige. Es war bereits Morgen und heller Tag. Ich füllte den Tank für weitere 700 Kilometer und konnte so bereits die Strecke der zweiten Tagesreise befahren. Mitten am Nachmittag hatte sich der Tank bereits wieder geleert, waren also weitere 700 Kilometer geschafft. Ich füllte wieder und die Fahrtstrecke des dritten Tages konnte beginnen.

Weiter ging die Fahrt gegen Westen in die blendende Sonne hinein. Da ich mich weder hungrig noch müde fühlte, fuhr ich einfach weiter. Es wurde allmählich Nacht. Die Grenze nach Namibia hatte ich längst überschritten. Ich musste nur noch auf dieser Straße bleiben. Sie würde mich nach 800 km direkt nach Windhoek bringen.

Also weiter, weiter, immer weiter...

Gegen Mitternacht ging die Straße aufwärts. Blitzschnell musste ich einem großen Tier ausweichen. Es war ein Pferd, entweder wild oder durchgegangen. Eine Woche später stand in der Zeitung, dass auf gleicher Strecke eine Frau am Steuer durch den Zusammenprall mit einem Pferd zu Tode gekommen sei.

Ich musste noch über einen Bergrücken hinüber und ganz oben lag plötzlich ein Lichtermeer unter mir: Windhoek. Der Kilometerzähler zeigte über 2000 Kilometer an. Jetzt brauchte ich nur noch auf der Hauptstraße mitten in die Stadt hineinzufahren und ich würde direkt zum Hospital der Schwestern gelangen. So war es auch. Die Pforte des Krankenhauses war natürlich besetzt. Koffer ausladen erwies sich als unnötig. Dies hatte ein fixer Bursche bei einem Toilettenbesuch an der letzten Tankstelle schon für mich erledigt. Mir tat es nur Leid um mein Tagebuch und den Entwurf einer Schrift über frühere Missionserlebnisse, wie hier vorgelegt, die sich schon früher in Uganda zugetragen haben.

Ich wurde ins Hospital geführt. Ein Zimmer war für mich gerichtet und zehn Minuten später konnte ich mich wohlig im Bett ausstrecken, nachdem ich soeben mal schnell Afrika durchquert hatte. Ich hatte diesen persönlichen Rekord nicht gerade erstrebt, aber er war erstrebenswert. Ich hatte zwei Tage Fahrt eingespart und ich wusste, dass mein Basiskloster Inkamana nötigenfalls in einem Tag erreichbar ist. Dies war mir wichtig, da mir als bisher einzigen Benediktinerpater in Namibia eine rasch erreichbare klösterliche Basis als sehr notwendig erschien.

Der Kilometerzähler zeigte 2186 km als Gesamtstrecke an. Der Benzinverbrauch meines kleinen Toyota Corolla belief sich auf 163 Liter, was damals etwa 150 Mark entsprach, etwa die Hälfte des Flugpreises.

Ich bin noch oft diese Strecke gefahren. In Deutschland hätte ich mir da schwerer getan: Von München nach Moskau oder nach Rom in einem Tag wäre wohl kaum zu schaffen. In Afrika ging es, da die Durchgangs- und Hauptstraßen meist kerzengerade sind, an den Ortschaften vorbeiführen und es kaum Verkehr gibt. Trotzdem ist Aufpassen wichtig: Wild nimmt sich immer Vorfahrt und der Schlaf kommt ungefragt. Es ging aber immer alles gut.

Kaum angekommen, roch es schon nach Arbeit. In Katima Mulilo (‚gelöschtes Feuer'), sollte ich ab 3. September einwöchige Priesterexerzitien halten für die Priester dieses Dekanates und die angrenzenden Dekanate Angolas. Das geht ja schon gut an!

Katima Mulilo, am Sambesi-Fluss gelegen, ist die Hauptstadt des Caprivi-Dreiecks. Wenn man Namibia auf der Landkarte mit einem Eselskopf vergleicht, was nicht schwer fällt, dann ist das Eselsohr dieses Dreieck, durch den langen Caprivi-Streifen erreichbar, eine Straße, auf der man von Rundu, der Hauptstadt des Kavango, in 500 km Ostfahrt nach Katima gelangt. Einst gehörte dieses Gebiet zum englischen Botswana. Da es die Engländer aber aus strategischen Gründen nach dem deutschen Sansibar, der Insel vor Dar es Salaam, gelüstete, ließ sich der damalige deutsche Reichskanzler Leo von Caprivi auf einen Tausch mit dem englischen Helgoland ein und da die Inseln sehr ungleich groß waren, wurde als Ausgleich das viel größere, aber weniger bedeutsame Caprivi-Dreieck zugefügt. Für Caprivi war es wichtig, dass man von dem äußersten Westen des Dreiecks, von der Festung Schuckmannsburg aus, per damaligem Funk Deutsch-Ostafrika und Lettow-Vorbeck erreichen konnte. Daher erhielt dieser heute noch wichtige Anhang Namibias den Namen des deutschen Reichskanzlers und erinnert so an diesen merkwürdigen Länderhandel, zu dem die eigentlich betroffenen Einwohner natürlich nicht gefragt wurden.

Dies alles interessierte mich aber weniger als die Frage, wie ich Neuling die alterfahrenen Missionare dieses ganzen Gebietes eine Woche lang geistlich gut unterhalten sollte. Die Entfernung nach dorthin, 1300 Kilometer, waren nach den soeben gewonnenen Anfahrterfahrungen ein Klacks und ich freute mich auf die neuen Erlebnisse dort.

Die neue Aufgabe

Ich erhielt im Krankenhaus der Schwestern ein Zimmer mit freiem Zugang von außen und einen Abstellplatz fürs Auto. Von hier aus konnte ich nun meine Tätigkeit beginnen.

Sie galt vor allem den Schwestern beider Kongregationen der Benediktinerinnen, in der ganzen Nordhälfte des Landes in beiden Diözesen verteilt. Es handelte sich um 22 verschiedene Missionen, die ich regelmäßig, möglichst jeden Monat, besuchen sollte. Ich versuchte dies auch zu bewerkstelligen, was meist nicht gelang. Die kürzeste Entfernung dieser Orte voneinander summierte sich auf über 5000 km. Da die Schwestern untertags ihrer Arbeit auf den Missionen nachgingen, hatte es erst gegen Abend Sinn einzutreffen. Dann war Zeit zu gemeinsamem und einzelnem Gespräch, Beicht-Gelegenheit und Vortrag eines geistlichen Themas. Am nächsten Morgen feierten wir zusammen die hl. Messe und dann mussten die Schwestern wieder ihren Aufgaben nachgehen. Ich machte mich auf den Weg zur nächsten Visite.

Dies konnte stundenlange Fahrt bedeuten oder nur eine relativ kurze Strecke zur Nachbarmission sein. In diesem Fall hatte ich den Tag über Zeit zur Verfügung. So konnte ich die zahlreichen Höheren Schulen, die übers Land verteilt waren, besuchen. Nur in den Städten können die Schulen auf normalem Schulweg erreicht werden. Kinder vom Land müssen in einer Internatsschule unterkommen, wie auch früher in Deutschland.

Ein ganzes Netzwerk von über 120 Schulen ist übers Land verteilt. Den Schulgebäuden sind sogenannte Hostels angegliedert, in denen meist mehrere hundert Schüler untergebracht sind und verpflegt werden. Auf diesen Schulen gab es so gut wie keinen Religionsunterricht. So war ich überall willkommen, in Klassen zu gehen, um ein Thema religiösen Lebens zu behandeln, oder, meist begehrt, Beichtgelegenheit zu geben, manchmal auch im Klassenzimmer die hl. Messe zu feiern.

Zu Besuch bei einer Vocation Group

Noch günstiger war es, am Nachmittag mit jeweils einer bestimmten Altersgruppe im Kreis zu sitzen und aktuelle Fragen zu behandeln. Dabei zeigte sich sehr großes Interesse an geistlichen Berufen, Ordensbrüder, Schwestern, Priester. Die dazu nötige Offenheit und Eignung waren bei vielen offensichtlich.

Diese bildeten einen Freundeskreis, eine sogenannte Vocation Group. Sie wählten einen Führer und sie freuten sich jeweils auf mein nächstes geplantes Kommen. Ich versorgte sie mit Informationsmaterial und Lektüre und dem begehrten blauen Rosenkranz, der um den Hals gehängt, das Mitgliedszeichen der Gruppe war und zugleich von einem Leben im Dienste Gottes Zeugnis gab.

Die Zahl der Gruppen wuchs alsbald auf über 50 an und so hatte ich jede Menge zu tun, um den großen geistlichen Bedarf zu decken. Die beiden Bischöfe der nördlichen Diözesen zeigten Interesse. Von jeder Gruppe machte ich Fotos, auch von den Einzelnen. Dies erweckte Vorfreude auf den nächsten Besuch; denn ich brachte ihnen dann jeweils die Bilder mit.

Ausflug einer Vocation Group

Notwendiger aber waren die vielen Fotos zum Vorzeigen bei den Bischöfen der beiden Norddiözesen Namibias. Ich wollte einem Vorurteil entgegentreten: Namibia hatte bisher kein eigenes Priesterseminar. Zum Theologiestudium musste man nach Südafrika gehen. Das war sehr teuer und außerdem verloren viele Seminaristen schließlich das Interesse. In Südafrika fühlten sie sich als Menschen zweiter Klasse, weil ihr Land Namibia noch südafrikanisches Mandatsgebiet war, also Kolonie, und außerdem zwischen beiden Ländern ein Befreiungskrieg herrschte.

Auch glaubten die früher europäischen Bischöfe Afrikas immer noch, sie könnten weiterhin aus Deutschland Missionare bekommen. Doch diese Zeit war endgültig vorbei. Daraus resultierte ein extremer Priestermangel. Nur ein Priesterseminar im eigenen Lande konnte dem abhelfen. Da gab es aber das Gegenargument, dass es in Namibia nie genügend Kandidaten gäbe, um ein Priesterseminar zu füllen. Nun konnte ich den beiden Bischöfen hunderte von Fotos junger Menschen,

Gruppenmitglied Moshe, ein San (Buschmann) – der blaue Rosenkranz um den Hals ist das Zeichen: Ich will einen geistlichen Beruf ergreifen.

Jungen und Mädchen, zeigen, die erklärtermaßen Interesse am Priestertum, Brüderberuf und Schwesternberuf zeigten. Sie benötigten lediglich eine geistliche Begleitung und ein entsprechendes Vorbild. Dazu allerdings gab es zu wenige Priester.

Außer mir besuchte kaum ein Missionar eine der Sekundarschulen. Die Bischöfe gaben mir daher eine offizielle Erlaubnis, alle Schulen ihrer Diözesen zu besuchen, ohne erst die

Neu errichtetes Priesterseminar in Windhoek

Erlaubnis des zuständigen Pfarrers erbitten zu müssen, was vorher zu manchem Misstrauen geführt hatte.

Da sich die Berufungsgruppen bald vermehrten, wurde schließlich der Beschluss gefasst, ein Priesterseminar in Windhoek zu eröffnen. Ich sollte finanziell mithelfen und genügend Bewerber finden.

Wieder zurück in Windhoek, gab es neue Beschäftigung: Ich sollte fünftägige Exerzitien in deutscher Sprache für die Schwestern von Windhoek und Swakopmund, am Atlantischen Ozean, beginnen. Daran sollten sich Exerzitien für die afrikanischen Schwestern der Kongregation in englischer Sprache anschließen. So ergab sich für mich die Gelegenheit, auch einen Eindruck von der heute noch weitgehend deutschen Stadt zu bekommen, samt seiner für mich besonders interessanten „Deutschen Oberschule", der repräsentativen Kaiser-Wilhelm-Straße und natürlich dem Atlantischen Ozean, in dessen Fluten ich mich alsbald stürzen wollte. So bekam Swakopmund für mich eine besondere Bedeutung.

Eingangsbereich des Priesterseminars mit Seminaristen

Auch mit evangelischen Christen bekam ich Verbindung durch den evangelischen Pastor von Swakopmund, einem leiblichen Bruder eines unserer Äbte zuhause.

Wehrhaftigkeit gefragt

Verglichen mit Uganda war Namibia weit friedlicher. Musste ich in Uganda Gewehrmündungen fürchten, waren es Namibia mehr zweibeinige Wölfe, die mich auf der Straße überfallen wollten oder sogar unter Missbrauch der namibischen Justiz mir an den Wagen zu fahren versuchten, und das wäre auch fast gelungen.

Ich musste immer wieder auf die Bank, weil ich finanziell auf eigenen Füssen stehen sollte.

Meine Freunde in Deutschland ließen mich nicht im Stich und so kam immer wieder rechtzeitig finanzielle Verstärkung aus Deutschland. Ich hielt mich an drei Banken, um die jeweils besten Bedingungen auszuloten.

So ein Gang zur Bank konnte allerdings auch seine Schatten zeigen. Diese bestanden aus jungen Gangstern, die in der Nähe der Bank herumlungerten, dabei aber die Bankkundschaft genau beobachteten, ob sich eine finanzielle Nachbehandlung nach Verlassen der Bank lohnen könnte.

Ich schien einmal der Erwählte zu sein, da ich offenbar als Tourist angesehen wurde, der gerade seine Moneten aufgestockt hatte. Ahnungslos ging ich ein paar hundert Meter zu Fuß, als zwei vor mir schlendernde junge Männer sich plötzlich zu mir umdrehten und mich zu fassen suchten.

Ich wollte zurück, aber da standen plötzlich zwei andere hinter mir. Ich war von vier Typen eingekreist. Schon fühlte ich Hände in meinen Hosentaschen, ich riss mich los und kickte als alter Fußballer mit den Füßen auf sie ein, womit sie nicht gerechnet hatten, und als einer davonrannte, setzte ich mich an seine Fersen. Ich hatte richtig vermutet. Es war jener, der die Beute, meinen Geldbeutel, in Sicherheit bringen wollte. Die wilde Jagd ging auf abschüssiger Straße dem Bahnhof zu.

Als sich der Abstand nicht vergrößerte, rannte der Beutemacher schnell über die verkehrsreiche Straße und hoffte mich dadurch abzuschütteln, indem er wieder entgegengesetzt aufwärts rannte. Ich fühlte genug Adrenalin im Blut, ebenfalls, wie im Fernsehkrimi, zwischen den fahrenden Autos hindurch zu flitzen und wieder war ich hinter dem Flüchtigen her. Da er offenbar auch nicht mehr Luft hatte als ich, verschwand er in einem Hinterhof. Bald stand auch ich mitten im einzigen Zugang und sah meinen zum Opfer gewordenen Übeltäter wie eine in der Speisekammer ertappte Maus nach einem Schlupfloch suchen. Er rüttelte an allen Türen. Keine hielt ihn für willkommen. Er war in der Falle.

Straßenpassanten hatten natürlich ihren Spaß an diesem live Krimi und winkten Polizei herbei. Die hatten den Dieb schnell im Griff und schon waren die fälligen Stahlmanschetten angelegt. Der Bursche wurde abgeführt und ich ging mit zur Polizei, um Aussagen zu machen.

Das Corpus delicti war allerdings nicht mehr da. Der Flüchtige hatte den Geldbeutel wohl weggeworfen. Das war für mich nicht so schlimm, da ich nur einige kleine Münzen darin hatte. Die Polizei glaubte meinen Worten ohnedies mehr als dem Leugnen des Ertappten.

Er wurde erst mal in Untersuchungshaft genommen. Einige Wochen später kam es zum Prozess. Der Gerichtssaal war voller junger Burschen und Männer, vielleicht Sympathisanten oder Kollegen des Angeklagten.

Der Fall war völlig klar. Der Dieb hatte keine Erklärung für sein Verhalten. Das Urteil aber sollte erst am nächsten Tag verkündet werden. Dies wollte ich nicht abwarten. Beim Hinausgehen aus dem Saal fragte ich einen Gerichtsbeamten, ob diese vielen Anwesenden nicht die Freunde des Angeklagten seien. – „Natürlich!" – „Bilden diese nun eine Gefahr für mich als Rachesuchende?" – „Durchaus." – „Kann die Polizei mich schützen?" – „Nein, das geht nicht." – „Was können Sie mir raten, wie ich mich verhalten soll?" – „Passen Sie einfach gut auf sich auf." Das wollte ich nun versuchen.

Bei der Verfolgung des jungen Räubers habe ich gegen einen Sicherheitsgrundsatz verstoßen. Man soll sich nicht wehren, wenn man angegriffen wird. Doch war ich während des Überfalls so in Rage, dass mich nichts hätte davor bewahren können, mich zu widersetzen.

In den Windhoeker Zeitungen kam dann ein lustiger Artikel über diesen Vorfall. In Windhoek gab es einst einen „Fliegenden Pater", nämlich Pater Schulte, der dort auch begraben liegt. Mich nannte der Artikel in abgewandelter Form den „Rennenden Pater".

Vielleicht aber war mein Vorgehen auch nützlich: Die Straßenräuber wurden wohl vorsichtiger und die Bankkundschaften etwas umsichtiger.

Was aus meinem Klienten geworden ist und wie er verurteilt wurde, konnte ich nie erfahren. Das war auch für mich nicht so wichtig.

Auch andere Szenen spielten sich ab.

Einst fuhr ich im Auto als Beifahrer mit und legte den linken Arm lässig auf das heruntergelassene Fenster. Als wegen Verkehrsdichte der Wagen fast zum Stehen kam, griff plötzlich von außen eine Hand an meinen Arm und riss die Armbanduhr mit Gewalt weg. Ich sah den jungen Kerl noch davonrennen. Wie elektrifiziert schnellte ich aus dem noch rollenden Wagen und hastete dem Dieb nach. Er bog in eine Seitenstraße ein, die an ein offenes Feld führte, ein Maisfeld. Dahinein rannte der Dieb und glaubte, vor mir sicher zu sein. Da tauchten aber andere junge Männer auf, fassten den Flüchtigen und fingen an, auf ihn einzuschlagen.

Sie straften ihn so heftig ab, dass es hätte tödlich ausgehen können. So trat ich heran und stoppte die beginnende Lynchjustiz und rettete so womöglich meines Diebes Leben. Wie ich später erfuhr, waren die Abstrafer ebenfalls Gauner. Wenn ein Straßenräuber unvorsichtig ist, wird er als Gefahr für die anderen, seine Kollegen, angesehen, die sich dann gegen ihn stellen, vielleicht auch um ein Alibi zu haben. Es gab dabei wirklich Tote.

Die Uhr erhielt ich zurück. Sie hatte mich einst in einem Supermarkt nur 5 DM gekostet. Ärgerlich aber war, dass ich bei der Verfolgung gestürzt bin und die Hose zu meinem guten Sakko am Knie ein beträchtliches Loch bekam.

Wieder einmal war ich ein wenig unvorsichtig. In einer Hauptstraße wollte ich zwischen zwei geparkten Autos hindurch die Straße überqueren. Darauf schienen einige junge Straßenräuber nur gewartet zu haben. Drei herumlungernde Burschen versperrten mir plötzlich den Weg hinaus zur Straße. Ich wollte sofort nach hinten ausbrechen. Doch da war die Falle auch schon durch zwei andere Athleten zugeschnappt. Ich wusste, meine Handtasche stand auf dem Spiel. Ich presste sie mit gekreuzten Armen auf meine Brust und wieder nach vorne gerichtet, Kopf nach unten voraus, rannte ich dem lebenden Kleiderschrank vor mir in den Bauch. Ein lauter Aufschrei, er sackte zusammen und ich war entwischt. Allerdings fehlte mein Geldbeutel. Ich hatte im Getümmel gar nicht bemerkt, dass er mir aus der Hosentasche gerissen wurde. Geld war kaum drin, aber die Autoschlüssel waren damit weg. Ich stand hilflos vor meinem abgesperrten Wagen. Da blieb nichts anderes, als zurückzulaufen, den Ersatzschlüssel zu holen und das Auto zu befreien. Ich hatte aber die Genugtuung, die Oberhand bei dem Anschlag behalten zu haben. Das war wichtig für mein Selbstvertrauen. Ich hielt nichts von dem angeratenen stillen Erdulden, um Schlimmeres zu vermeiden. Das kam wohl daher, dass ich als Student einen Kurs für waffenlose Selbstverteidigung mitgemacht habe. Die vielen eingeübten Griffe weiß ich zwar nicht mehr. Aber die reflexartige Bereitschaft zur Gegenaktion steckte mir noch im Blut. So war ich nie bei tätlichen Angriffen der Unterlegene. Oder hätte ich meine andere Backe anbieten sollen? Alles zu seiner Zeit.

Einst trat ein kräftiger Bursche, ein Halbstarker, wie damals genannt, mir aber freundschaftlich gesinnt, an meinen Tisch und quatschte mich dumm an. Er wollte mich spaßig herausfordern. Ich nahm die Herausforderung an: „Hör damit auf, oder Du liegst am Boden, ohne dass ich aufstehe!" – „Ha ha ha!" – ein Griff, – und schon lag er vor mir der Länge nach flach, während ich immer noch auf meinem Stuhl saß. Die Lacher waren auf meiner Seite. Der Unterlegene lachte über sich selbst und verzichtete auf weitere Herausforderungen.

Später wurde ich nochmals von geldlüsternen Straßenpiraten angegangen. Da aber wusste ich sofort, was zu tun ist. Mein Boxen und Kicken hatten sie nicht erwartet und waren schnell verschwunden.

Doch wäre ich beinahe einmal selber zum Übeltäter geworden. Vor der Kathedrale hatte ich mein Auto geparkt. Als ich wieder zurückkam, fehlte der Schlüssel. Hatte ich ihn verloren? Liegt er für mich unsichtbar noch im Auto? Mit Geduld fand ich einen Draht und konnte so das Auto öffnen, setzte mich hinein und entdeckte mit Schrecken, dass es gar nicht mein Auto war, sondern ein ganz ähnliches. Gottlob hatte ich keine Beobachter. „Vor der Kirche bricht ein Priester in Autos der Gottesdienstbesucher ein." Das wäre was für die Zeitung gewesen!

Mein eigenes Auto stand in der Nähe und der Schlüssel steckte friedlich am Armaturenbrett des noch offenen Wagens. Man sollte den Kopf besser bei der Sache haben.

Pater Pauls Wüstenmaus

Während der Exerzitien in Swakopmund lernte ich einen interessanten Priester kennen. Er gehörte dem Orden der Herz-Jesu-Missionare an und verbrachte seinen Ruhestand in Swakopmund, um Pfarrer Peter Eisenbart in seinem umfangreichen Dienst zur Hand zu gehen. Pater Paul Lootens lud mich nach den Exerzitien zu sich zum Abendessen ein. Als Belgier konnte er weder Deutsch noch Englisch. Als Wallone war er jedoch des Holländischen kundig. Ich hatte in Südafrika eifrig Afrikaans gelernt, das in Namibia bei den Einheimischen lingua franca, also Umgangssprache, ist. Dadurch konnte ich sein langsam artikuliertes Holländisch verstehen und er verstand mein schlechtes Afrikaans, das vor 400 Jahren gesprochene Holländisch. Es gelangte damals mit Auswanderern nach Südafrika, wo es sich als Afrikaans unverändert erhalten hat, während sich im Mutterland die Sprache beträchtlich weiterentwickelte.

Trotzdem können Holländer Afrikaans verstehen, wenn auch mit Lächeln, so wie wir Mittelhochdeutsch quittieren würden.

Pater Paul erzählte mir von seinen besonderen Interessen. Er war nebenbei Naturwissenschaftler, vor allem Biologe und da wiederum spezialisiert auf die spärliche Flora und Fauna der Namib Wüste. Da sich diese der Atlantikküste entlang um die 2000 km von Süden nach Norden erstreckt, hatte er sie als Forschungsfeld sozusagen vor der Haustüre. Es gelangen ihm bei seinen Wüstenausflügen bereits 10 Neuentdeckungen bisher unbekannter Pflanzen oder Tiere, die wissenschaftlich offiziell anerkannt wurden und neben zwei lateinischen Wörtern den Zusatz Lootensis erhielten. Das machte ihn in Fachkreisen zu einer Autorität.

Da ich vor dem nächsten Termin noch einen Tag erübrigen konnte, folgte ich gerne seiner Einladung, mit ihm am nächsten Tag nach ‚Arandis' zu fahren. Er wolle dort Gottesdienst halten. Dieser Ort war mir fremd. Aber da alles an Pater Paul interessant war, konnte ich mich ihm gerne anvertrauen. Am frühen Nachmittag stieg ich mit ihm in seinen Fourwheeler. Schon ein paar Kilometer von Swakopmund landeinwärts blieb er bei einem seltsamen eisernen Gebilde am Straßenrand stehen. „Darf ich vorstellen: Martin Luther." – „Wie, bitte?" – „Ja, ‚Hier stehe ich. Ich kann nicht anders, Gott helfe mir!' sprach einst sein Vorbild."

Langsam begann ich zu verstehen. Diese fahrzeugartige Maschine wurde einst als Neukonstruktion einer Maschinenfabrik in Leipzig für Deutsch-Südwest-Afrika gebaut, um für die deutsche Schutztruppe den mühsamen Weg durch die Namib-Sandwüste nach Windhoek zu erleichtern. Es war eine Dampflokomotive mit breiten Rädern, um ohne Geleise sich den Weg durch das Sandmeer zu erkämpfen. Sie kämpfte erfolgreich aber nur diese ersten paar Kilometer. Dann blieb sie rettungslos im tiefen Sand stecken. Und da steht sie auch heute noch im Gegensatz zu ihrem Vorbild, das nach dem Reichstag von Worms das Weite suchen konnte. Liebevoll gepflegt, ist das Wunderwerk damaliger Deutscher Technik der Korrosion in der Wüste entgangen und wird noch lange, sehr lange auf die Hilfe Gottes warten und so lange „nicht anders können".

Doch sie soll auch nicht weiter können; denn längst wurde sie ein Star und ist den Swakopmunder Menschen ein teures Denkmal, den Touristen eine Sehenswürdigkeit und ein Hin-

Straße durch Arandis

weis, dass den sonst geachteten Deutschen auch nicht alles vollständig gelingt, wie einst Martin Luther.

Weiter ging die Fahrt in die Wüste hinein nach Arandis. Vielleicht ist diese Ortschaft, eigentlich eine kleine Stadt, einmalig auf der Welt. Dies hat seinen Grund: Nicht weit entfernt liegt, ebenfalls in vegetationsloser Sandwüste, die Rössing Mine, eine der größten Tagebauminen der Welt. Hier wird Uran gefördert. Anscheinend war und ist das Geschäft sehr einträglich. Deshalb konnte die Gesellschaft für ihre Hunderte von Beschäftigten eine künstliche Oase anlegen mit schönen bungalowartigen Häusern bebaut. Auf sie, von der Hauptstraße aus gerade noch sichtbar, fuhren wir nun auf guter Teerstraße zu. Das Städtchen ist rundum begrünt, blühende Gärten umrahmen die Wohnungen, gut geplant sind die Straßen angelegt, es gibt einen Platz in der Mitte als Zentrum. Dort ist auch der große Supermarkt, ein Kino und selbst ein Theater, selbstverständlich ein Schwimmbad und vieles andere mehr, was zu einer europäischen Ortschaft auf der Höhe der Zeit gehört.

Was mich vor allem interessierte, ist eine gut angelegte Sekundarschule für etliche hundert Schüler, die sich dort fürs Abitur vorbereiten können. Und da sind auch zwei schöne Kirchen. Wir steuerten die katholische an. Hier also sollte eine Abendmesse stattfinden. Die Leute, gar nicht wenige, warteten schon darauf. Doch Pater Paul wollte zuvor noch eine kurze Pfarrgemeinderatssitzung in der geräumigen Sakristei abhalten. Ich wartete in der Kirche unter den Minenarbeitern und deren Familien, die mich sehr interessierten. Da brach plötzlich eine Unruhe aus. Ich begriff erst nicht, warum die Menschen von ihren Plätzen aufsprangen und durcheinander rannten, auf den Boden stampften, oder auf die Bänke sprangen und sogar unterdrückt kreischten. Pater Paul eilte zu Hilfe mit seinem Pfarrgemeinderat. Das Durcheinander wurde dadurch nur noch größer. Endlich begriff ich: Eine Maus! Ja, eine echte Kirchenmaus, die es quicklebendig und äußerst flink verstand, die für das arme Wesen riesigen Verfolger auszutricksen. Immer wieder war sie unsichtbar und dann doch plötzlich wieder im Mittelpunkt. Es ging eine ganze Weile wenig heilig und fromm so weiter.

Die Überlebenschance des niedlichen Tierchens war jedoch auf die Dauer gleich Null. Pater Paul bat, die Maus möglichst schonend zu töten. Das gelang auch schließlich, ohne das Tier allzu sehr zu deformieren. Dann erklärte Pater Paul, dass es sich wahrscheinlich um eine der Wissenschaft bisher noch unbekannte Mäusespezies handle. Sorgsam wickelte er sie ein und sie wurde vorerst in seiner Handtasche begraben.

Das Volk beruhigte sich allmählich wieder. Aber es war viel Zeit vergangen. Die unterbrochene Sitzung aber musste offenbar zu Ende geführt werden. So entschied Pater Paul, ich solle einstweilen mit der Hl. Messe beginnen. Das Messbuch aber war nicht in Englisch, sondern Afrikaans. „Ich hab noch nie in Afrikaans zelebriert", – protestierte ich. – „Dann ist höchste Zeit, dass Du jetzt damit anfängst!" – war die nicht unlogische Antwort. So hoffte ich auf das Verständnis der Anwesenden und begann: „En die naam van die Vadder en die Syn en die Heiliche Gees. – Mach die Heere met y wias" ... Die Gläubigen hatten Erbarmen mit mir und drückten ihr Lachen weg und antworteten brav, – „en ook met y" – und so gewann ich bald mehr Sicherheit und kam schließlich bis zur Kommunion ohne größere Panne voran. Aber was sagt man während der Spendung der hl. Kommunion? Da fand ich so schnell nichts im Messbuch. Also frei nach eigenem Ermessen: „hirdie lecham van kristus." Und dann ganz am Schluss: „Mach die almachtöche God y seen, die Vadder en die Syn en dia Heiliche Gees. Gan in die Freede von die Heere!"

Hinterher fand ich heraus, dass ich gar nicht so schlecht geraten hatte. Eigentlich ist Afrikaans auch nur ein alter plattdeutscher Dialekt.

Nach der heiligen Messe war noch einiges Palaver fällig. Man trifft sich ja nicht jeden Tag.

Schließlich, bei stockdunkler Nacht und leeren Mägen, steuerte Pater Paul wieder dem Ozean zu.

Spät trafen wir bei seinem Zuhause ein. Ich hoffte noch auf etwas zum Beißen. Doch Geduld hatte den Vorrang. Die kostbare Maus musste erst sorgfältig präpariert werden, damit sie nicht zu schnell dem Gang aller nicht mehr lebensfähigen Dinge verfallen würde. Sie wurde gewissermaßen fachmännisch mumifiziert. Das wissenschaftliche Museum in Brüssel sollte ja nach längerem Postweg noch mehr erhalten als ein verschrumpftes, stinkendes Etwas, das nach der beiliegenden Beschreibung einmal eine edle Maus gewesen sein sollte. Leider konnte ich nie erfahren, ob Pater Pauls Namen ein weiteres wissenschaftliches Mäusedenkmal zuteil wurde. Verdient hätte er es gewiss.

Als sehr verspätetes Abendessen fanden sich in seinem Brotkasten noch einige essbare Brotkrumen. Den Rest konnte man sich ja dazudenken.

Wichtiger aber war mir, dass ich auf Grund des tapferen und zeitaufwendigen Überlebenskampfes der kleinen Maus in eine Situation gedrängt wurde, die mir gleichermaßen den Mut erbrachte, die Heilige Messe endlich zum ersten Mal in dem mir verflixt vorkommenden Afrikaans zu zelebrieren. Selbst von Mäusen kann ein Priester lernen.

In der Namib

Angeregt durch das Oasen-Erlebnis in Arandis, wollte ich auch einmal so richtig in die Wüste hinaus. Auf der Rückfahrt nach Windhoek glaubte ich, eine Stunde opfern zu können, verließ den sicheren Asphalt und bog vorsichtig ins Wüstengelände ein. Langsam tastete ich mich mit meinem Auto über den Sand. Er schien zu tragen. Also war die Gefahr des Einsinkens und Steckenbleibens nicht groß. So ganz weg- und steglos die Freiheit der Wüste zu genießen, war ein Erlebnis. Kein Mittelstreifen noch Randbegrenzung, kein Parkverbot noch sonstiger Schilderwald behinderte die unbegrenzte Fahrfreiheit. Nicht nur „über den Wolken kann die Freiheit grenzenlos sein". Ich konnte fahren, wie ich wollte. Lediglich die Topographie zwang hin und wieder zum Ausweichen und Umfahren von hügeligen Hindernissen oder tückischen Senkungen. Den Rückweg zu finden sollte kein Problem sein, solange nicht plötzlich aufkommender Wind die Spuren im Sand verwehte. Doch das Wetter zeigte sich von bester Seite. Nach etlichen Kilometern dieses Spielens mit den riesigen Sandhaufen entdeckte ich in der Ferne ein seltsames Gebilde. Wie ein missglückter Bau ragte ein heller, seltsam geformter Felsblock aus dem Sand. Ich steuerte darauf zu. Immer größer wurde das Ding und damit auch meine Spannung. Die erst weißliche Farbe ging in Rosa über. Als ich schließlich ganz nahe war, konnte ich meinen Blicken kaum trauen. Es war ein Rosenquarz, so hoch wie ein zweistöckiges Haus. Unglaublich! Ich kletterte hinauf, hinüber zur anderen Seite, überall das Gleiche: Wunderbar rosaroter Rosenquarz, – ein Vermögen! Einige Stücke waren abgesplittert. Ich hob die schönsten auf und verbarg sie im Auto. Ein kleiner Brocken war etwas anders. Da war ein schwarzer Fleck drauf und auch ein weißer wie Lackfarbe und daneben war er wie rot glasiert. Dies konnte nur Opal sein. Von Büchern wusste ich, dass dieser Edelstein in Australien zuhause sei, in Namibia aber nicht vorkomme. Nun hielt ich den schweren und kostbaren Gegenbeweis in meinen Händen. Er würde zu den Prunkstücken meiner beginnenden Mineraliensammlung kommen und sie sehenswert machen: Der erste in Namibia gefundene Opal und dies in drei Farbvariationen. Ein Opalis Johannensis?

Beglückt machte ich mich auf den Rückweg, hin zur geteerten Zivilisation. Ich fuhr weiter nach Osten, Windhoek entgegen. Da die Wüste etwa hundert Kilometer Breite aufweist, war ich noch etliche Zeit von ihr begleitet. Da erschien auf der anderen Straßenseite ein Wegweiser: Zur Oase. Eine Art Piste hatte sich unter vielen Autorädern gebildet. Voll Hochstimmung konnte ich der Versuchung nicht widerstehen. In totaler Vegetationslosigkeit was Grünes, vielleicht sogar Buntes bewundern zu können, das durfte ich mir nicht entgehen lassen. Also hinein ins Vergnügen! Es ging recht gut. Doch ich musste sehr aufpassen, die unmarkierte Piste nicht zu verlieren. Manchmal schien es eine Abzweigung zu geben. Ich versuchte, auf der „Hauptstraße" zu bleiben. Aber hatte ich sie nicht schon verloren?

Ich hoffte auf die baldige Oase, die sich eigentlich schon lange hätte finden lassen müssen. Doch sie musste anscheinend gar nichts. Langsam wurde es mir klar: Ich hatte mich verfahren. Jetzt hätte ich einen Kompass brauchen können. Die Sonne stand bereits so hoch am Himmel, dass sie nicht mehr eindeutig richtungsweisend war. Den Rückweg anzutreten schien mir fast beschämend und dazu noch gewagt. Ich würde mich nur noch weiter verirren, da auf der Piste kaum Reifenspuren abgedrückt waren. Was also tun? Nach Süden tausend Kilometer Wüste, ebenso nach Norden. Nach Osten vielleicht fünfzig, falls ich diese Richtung fand und nach Westen das Gleiche. Wasser hatte ich natürlich keines. Der Treibstofftank war auch nicht mehr gerade voll. Jetzt wird es also brenzlig. Wenn ich nicht selber wieder heraus fände, würde vielleicht in ein paar Jahren jemand mein Skelett finden wie in der Sahara gebleichte Kamelknochen. Jetzt durfte ich nicht in Panik verfallen, sondern musste einen klaren Kopf behalten. Wenn ich sicher wüsste, wo Osten ist, dann würde ich auf Windhoek zufahren und bald aus dem Sand kommen. Die Sonne zeigte aber immer noch auf Unentschieden. Wenn ich jedoch einige Zeit wartete, würde sie mir ja wohl den Westen verraten. So ist es also besser abzuwarten und Benzin zu sparen. Schließlich konnte ich mir ein Bild machen, wo Osten sein könnte. So verließ ich die Piste, von der ich überhaupt nicht wusste, ob es überhaupt noch eine war und merkte mir einen Berg in östlicher Richtung, den ich dann vorsichtig ansteuerte.

Wenigstens versperrten mir keine Schluchten oder Steilhänge den Weg. So ging es lange in Schlangenlinien durch die anscheinend unbelebte Natur, und dann ein Lichtblick: Auf der Höhe eines Sandhügels stand doch tatsächlich eine Gazelle. Jetzt wusste ich, die Richtung stimmt und der nahe Futterplatz des Tieres ist auch meine Erlösung. Doch noch nicht gleich.

Ich stieß, bevor wegen Höhenzunahme Unwegsamkeit eintrat, auf eine wirkliche Straße, wenn sie auch recht schmal war. Diese Straße ging auf den Zielberg zu, aufwärts in Serpentinen, wohl eine Passstraße. Steiler und steiler wurde sie, bis die Vorderräder durchdrehten. Jetzt wäre ein Vierradantrieb vonnöten gewesen, statt dem Vorderradantrieb meines leichten Fahrzeugs. Auch ein Anlauf von einer etwas zurückliegenden flacheren Stelle aus blieb bald stecken. Da erinnerte ich mich einer Erzählung, wie jemand in ähnlicher Situation rückwärts den Berg hinauffuhr. Natürlich, dann liegt das Hauptgewicht auf den nach hinten gewechselten vorderen Antriebsrädern. Es fand sich etwas zurückliegend eine Stelle, an der ich das Auto umrangieren konnte. Und dann vor-

In der Wüste Namib

wärts im Rückwärtsgang. Es ging tatsächlich. Aber ich durfte auf keinen Fall stehenbleiben, sonst wäre das Anfahren wohl kaum mehr möglich gewesen. Dabei war die Straße eng und voller Kurven. Irgendwie erreichte ich die Passhöhe. Nichts für Fahrschüler. Der Weg nach Windhoek war frei.

Später suchte ich auf einer großen Karte den ungefähren Verlauf meiner „Wüstenexpedition". So fand ich auch heraus, dass der letzte Kraftakt der Gamsbergpass war, für Autoanfänger nicht geeignet. Nun hatte ich aber die Wüstenfahrten glücklich hinter mich gebracht. Und doch wurde ich wieder rückfällig:

In Windhoek traf ich ein junges deutsches Ehepaar. Da muss man natürlich etwas Zeit anlegen zum Plaudern. So erfuhr ich auch, dass der Herr Papa der Frau ein in Deutschland sehr prominenter Mann war, namens M., der vor Stress kaum überleben konnte. So nahm er manchmal einfach Reißaus. Er teilte jedoch mit mir den gleichen Wüstenfimmel, nur etwas erfolgreicher; denn er entdeckte in der Namib, gar nicht so weit von meinem Leidensweg entfernt, eine wirkliche bisher unbeachtete Quelle. Dies inspirierte ihn, hier den „Anker" zu werfen. Er ließ die Quelle fassen und ein Schwimmbecken füttern, und dazu gehörte dann natürlich auch eine kleine Villa, ganz allein auf weiter Wüstenflur. Dies ermöglichte ihm immer wieder eine kurze Auszeit. Er ließ sich am Freitag nach Geschäftsschluss in seinem Privatjet nach Windhoek fliegen und bestieg dort seinen bereits wartenden Rangerover. Kaum zwei Stunden Fahrt brachten ihn zu seinem Resort, wo am Samstagmorgen bereits sein freies Wüsten-Wochenende begann, das bis Sonntagabend dauern konnte. Dann zurückgejettetn saß er am Montagmorgen wieder an seinem Schreibtisch, als ob nichts gewesen wäre. Mehr als er machten jedoch seine jungen Leute in Windhoek davon Gebrauch und sie erwirkten mir die Ehre, dass der Herr Papa auch mich einen Schlüssel zum Wüstenschlösschen haben ließ. Ich konnte der Versuchung nicht widerstehen und spielte auch einmal übers Wochenende den großen Herrn, trotz aller Wüstenvorbehalte. Ich erreichte das Ziel diesmal ohne Verkehrsprobleme. Da war kein Telefon, noch ein Handy oder gar Computer. Kein DVD-player, weder Radio, nur Stille, – Wüstenstille. Die muss man einmal erlebt haben, um zu wissen, was Stille überhaupt ist und wie sie tut, auch einem Missionar. Und dann plötzlich ein Gebrüll: Ein Leopard hatte sich in die Nähe verirrt wie ich schon zuvor. Doch dann gab er wieder Ruhe.

Gerne hätte ich noch mehr solche Stille genossen. Aber als Manager Gottes hatte ich noch weniger Zeit als mein großer Gönner.

Ein paar Jahre später wollte ich einem Interessenten „meinen" riesigen Rosenquarzblock zeigen. Doch an dieser Stelle war nur noch ein Loch im Boden. Ein gerissener Geldmacher hatte den ganzen Block mit Presslufthämmern zerstückeln lassen, auf mehreren Kippern abgefahren und teuer verkauft. Der Landschaftsschutz kam zu spät. Nichts ist anscheinend groß genug, um nicht doch gestohlen zu werden.

So nebenbei ...

Swakopmund? Wer kennt das schon? Es ist eine Stadt am Atlantik, einst der nächste Hafen zu Windhoek, der Hauptstadt Namibias. Dort gibt es eine katholische Stadtpfarrei für die Deutschen, in der ich gerne zelebrierte, um dies wieder mal in der Muttersprache tun zu können. Auch eine Deutsche Oberschule von bestem Ruf gibt es dort, obwohl sie einen anderen, weniger deutschen Namen annehmen musste, sie heißt jetzt Namib High School. Hier konnte ich immer wieder deutschstämmige Schüler treffen.

Bis vor wenigen Jahren gab es sogar noch eine Kaiser-Wilhelm-Straße. Sie hatte Hauptstraßencharakter. Es war wohl weniger Wilhelminische Nostalgie, sondern auch eine Treue zur namibischen Vergangenheit, die in der Zeit vor dem ersten Weltkrieg den Swakopmundern nicht nur Nachteile brachte.

Nun aber sollte dies anders werden. Man wollte dieses Prunkstück Swakopmunds dem neuen „Kaiser" Namibias übergeben und aus ihr daher eine Sam-Nuyoma-Avenue machen. Er selber, der Staatspräsident, sollte an der großen Feierlichkeit teilnehmen. Allerlei Pomp wurde zu diesem nationalen Ereignis zu seiner Ehre aufgeboten. Ein besonderer Akt sollte dann die offizielle Auswechslung des kaiserlichen Namensschildes gegen das präsidiale werden. Soweit lief alles wie geplant. Aber wo waren die jubelnden Menschenmassen? Die neue Avenue blieb ziemlich unbevölkert und die Musik verhallte an nackten Hauswänden, – ein unübersehbares Plebiszit. Dies war aber wohl nicht Folge kaiserlicher Gesinnung, sondern Swakopmunder Selbstbewusstsein. Wenn heute ein Tourist fragt, wo es zur Sam-Nuyoma-Avenue geht, erwartet ihn womöglich ein verständnisloser Blick bis schließlich die Antwort kommt: „Ach so, Sie meinen die Kaiser-Wilhelm-Straße."

Zahlreiche Hinterlassenschaften im interessanten Swakopmund erinnern an die deutsche Vergangenheit. Da ist das

Straßenzug in Swakopmund

Gefallenendenkmal an herausragender Stelle, das an die einst gefallenen deutschen Kolonialsoldaten im Ersten Weltkrieg erinnert. Namentlich sind die vielen Toten aufgezählt. War das einst wirklich notwendig?

Viele Häuser könnten aus einer deutschen Kleinstadt importiert worden sein und auch viele Straßennamen sind den deutschen Touristen nicht fremdartig. Besonders anziehend fand ich eine kleine Gaststätte mit dem groß darüber prangenden Namen „Bayern-Stüberl". Dies weckte nicht nur in meinem Gemüt heimatliche Gefühle, sondern auch in der Magengegend. Als ich einmal gegen Abend in die Nähe Swakopmunds kam, überfiel mich die Sehnsucht nach echten Münchner Weißwürsten mit Sauerkraut. Um dieser Versuchung nachzugeben, waren mir ein paar Dutzend Kilometer Umweg nicht zu viel.

Schließlich, zu passender Abendessenzeit betrat ich, auch nach gutem bayerischen Bier lechzend, den König Ludwig Gastraum und der freundliche Gastwirt fragte gleich in gutem Bayrisch: „Na, was derfs nochat sei?" – „Weißwürst in

Meine Mineraliensammlung in Namibia

Sauerkraut natürlich!" – „Jo gibt's denn sowas? Woaßt denn net, dass die Weißwürst s'Mittagsleitn net hörn dürfn!" – „Dös hob I leidr net ghört," stammelte ich Schwabe auf gekünsteltem Bayrisch. „Aber an zünftigen Leberkäs werns do wohl no ham?" – „Jawoll der Herr!" und bald schäumte auch das Hansabier, nach bayrischem Reinheitsgesetz gebraut, neben dem Leberkäs im Sauerkraut. Nochmal gut gegangen!

Zu anderer Gelegenheit schlenderte ich ein wenig der Nase nach durch die Stadt. Da fiel mir ein kleiner Mineralienladen auf. Schöne, bunte Steine übten immer schon Anziehung auf mich aus. Aber da war noch was Anziehenderes an der Ladentür: „Hier wead boarisch gredt mit daitschem Akzent". Da kann ich ja noch was dazulernen. Der Inhaber beeindruckte mich. Ja, ein typischer Bayer. Er zeigte mir seine selber im Gebirge gesuchten Edelsteinchen. Einiges kaufte ich ihm ab, um ihn nicht zu frustrieren. Wir kamen ins Gespräch. Er war ein einsamer Mensch, voller innerer Nöte. Ich konnte für ihn ein bisschen Priester sein. Wenn immer ich nach Swakopmund kam, war es für mich eine innere Pflicht, boarisch mit daitschem Akzent zu redn. Es tat ihm gut, nicht immer nur Preußen bedienen zu müssen. Als ich wieder einmal ihn aufsuchen wollte, war der Laden nicht mehr da. Ich fand heraus, dass mein bayrischer Freund es dem „Münchner im Himmel" nach Ludwig Thoma nachgemacht hatte. „Halleluja, soag i!" Zurückgekommen ist er leider nicht. „Die Preißn" haben ihn und seine Belehrungen wohl nicht vermisst. Ich aber trauerte wie um einen Bruder. Ein Doppelenderbergkristall aus seinem Angebot ist mir immer noch ein kostbares Andenken an einen Urbayern in Namibia, der jetzt besser aufgehoben ist.

Geistliche Strategien

Meine neue Aufgabe in Namibia war mit einem kurzen Satz zusammenzufassen: Geistliche Betreuung der Missionsbenediktinerinnen in Namibia. Dies hört sich sehr einfach und klar an. Ich stand jedoch vor einer Riesenaufgabe. Von Windhoek bis zur 900 km entfernten angolanischen Grenze, also der Nordhälfte Namibias, ein Gebiet von der Größe der Bundesrepublik, waren die 22 Schwesternniederlassungen zerstreut. Zum größeren Teil war dies die ganze Kongregation der einheimischen Missionsbenediktinerinnen von Oshikuku („Wo die Hühner sind"). Aber auch die deutschen Missionsschwestern der Gründer-Kongregation von Tutzing waren noch darin vertreten in einigen wichtigen Niederlassungen. Es handelte sich also um eine große Herausforderung.

Diese Stelle hätte schon in den zwanziger Jahren besetzt werden sollen. Aber offenbar fand sich niemand dafür. Jetzt, mit 70 Jahren Verspätung, sollte dies nachgeholt werden. Doch mit 66 Jahren hatte ich bereits das Rentenalter erreicht. Es war von Anfang an eine Überforderung, die mich auch nach wenigen Jahren an den Rand des Grabes brachte. Auf einen Nachfolger durfte ich nicht rechnen.

Diese Strategie, eine fast unerfüllbare und seit Jahrzehnten aufgeschobene Aufgabe durch ein Provisorium lösen zu wollen, konnte keinen Bestand haben.

Ich machte mir darüber sehr bald meine Gedanken. Die wenigen Jahre, die mir vermutlich zur Verfügung standen, konnte ich dazu benutzen, wie einst in Uganda so auch hier eine junge Benediktinergemeinschaft ins Leben zu rufen, die dann mehrere Zugehörige zur späteren Übernahme meiner Aufgabe heranziehen könnte. Junge Interessenten zum Beitritt würden wir genügend bekommen. Diese Idee wurde mir auch immer wieder von Schwesternseite empfohlen.

Die Mission Maria Bronn war in diesem Sinne besonders aktiv. Sie hatte auch wirklich etwas zu bieten: Sie lag zentral in der Mitte der Stationen, nämlich Windhoek, Owamboland und Kavango mit Caprivi. Die Entfernung nach allen Richtungen war ungefähr gleich unter bester Straßenanbindung.

Wie schon der Name ausdrückt, gab es in Maria Bronn (Marienquelle) viel Wasser, das in einem Weiher entsprang. Auch waren da noch etliche andere Stellen, wo das Grundwasser die Oberfläche erreichte und frisch hervorsprudelte, – ganz ungewöhnlich für Namibia.

Und da war Land, viel Land. Ohne mit der Wimper zu zucken, boten mir die dort arbeitenden Schwestern ungefähr 40 Hektar Land an, das ich mir aussuchen durfte. Es würde dann auf die neue Einrichtung übertragen werden. Maria Bronn liegt nahe bei der Stadt Grootfontain (große Quelle), die zur nordöstlichen Diözese des Landes, Rundu, gehört, ist also zentral gelegen.

Ich ging zu Fuß durch die vielen Quadratkilometer von Maria Bronn. Es ist gebirgiges Land. Ich zählte 34 Berggipfel. Einen der höchsten nahm ich aufs Korn und hatte nach manchem Gekraxel einen weiten Rundblick über das fruchtbare und waldreiche Land.

Es gab viel Wildtiere und auch halb wildes Getier. Verwilderte Ziegen und Schafe zeigen, dass sie auch ohne Menschen leben können. Besonders auffallend: Es gibt dort wilde Rinder. Auch sie müssen sich einstens von der Herde abgesetzt haben und sorgten für eigenen Nachwuchs. Trifft man auf sie im Dickicht des Unterwuchses, ergreifen sie mit wildem Getrampel die Flucht. Sie verhalten sich wie Wildtiere und nur durch Abschuss könnte man ihrer habhaft werden.

Aber wer möchte schon Haustiere jagen, selbst wenn sie sich selbständig gemacht haben. Bei dieser Riesenfläche können sie auch keinen Schaden anrichten.

Ich machte mich weiter auf Landsuche und fand in der Entfernung von etwa neun Kilometer von der Missionsstation Maria Bronn mit Kirche, Missionarshaus, Schwesternhaus und Internatsschule ein geradezu liebliches Tal, das auf die Hauptstraße nach Norden ausmündete. Auf einer Anhöhe zwischen den beiden das Tal einrahmenden Bergrücken fand sich eine kanzelartig hervorstehende ebene Fläche als ein idealer Standpunkt für ein kleines Kloster. Die Schwestern waren gerne bereit, das ganze Tal an uns abzutreten. Wir sollten lediglich dann auch die Seelsorge bei ihnen und den vielen Schulkindern übernehmen, was wir ja ohnedies im Sinn hatten.

Mit einigen jungen Helfern, boys der dortigen Vocation Gruppe, ging ich daran, von dem vorgesehenen Klosterplatz einen breiten, befahrbaren Weg bis zur Straße hinunter mit Pangas und Slashern, einheimischen Haumessern, freizuarbeiten. Der Abt von Inkamana, mein Auftraggeber und Vorgesetzter, hatte nämlich seine Ankunft angekündigt, und ich wollte ihm gleich diesen Platz zur Annahme schmackhaft machen.

Er kam auch bald und besuchte sofort den Erzbischof. Dieser bot ihm die ebenfalls sehr schöne Mission Waldfrieden zur Übernahme an. Er wollte die vorgesehene Neugründung natürlich in seiner Erzdiözese haben.

Doch trotzdem zeigte ich ihm hoffnungsvoll das „stille Tal" von Maria Bronn. Dann fuhren wir nach Waldfrieden. Nun kamen die praktischen Erwägungen. Waldfrieden war ein fertig gemachtes Nest. Maria Bronn dagegen hätte Mittel zu mehreren Bauten erfordert. So fiel die Wahl auf Waldfrieden, das vorerst nichts kostete. Auch diese Wahl war gut, hatte aber Haken, die zu leicht genommen wurden: Da hing eine der größten Pfarreien des Landes mit verschiedenen Städten dran. Die Heimvolksschule mit 400 Kindern erforderte ebenfalls gute Betreuung und da war noch die Farm mit ein paar hundert Rindern und 5600 Hektar Land, ebenfalls mit Gebirge. Für eine Klostergründung war der Platz zu arbeitsintensiv. Kann man ein neugeborenes Fohlen schon satteln? Doch die Wahl stand beim Abt fest. Der zusätzlich zu mir freigegebene Priester, der ebenfalls nicht mehr jung war, musste von Anfang an überlastet sein. Er war Superior, Pfarrer, Erzieher, Farmer und Manager in einem. Stress über Stress. Kann man so eine junge Klostergemeinschaft errichten?

Der Abt entschied daher, dass Aufnahmebewerber für ein Kloster in Namibia nach Inkamana in Südafrika zur Ausbildung geschickt werden sollten, also in das Land, von dessen Kolonialismus Namibia erst vor wenigen Jahren frei wurde. Doch sollten wir in Waldfrieden wenigstens das erste Jahr, das sogenannte Postulat führen dürfen, um dann eine gute Auswahl nach Südafrika schicken zu können. Maria Bronn aber wurde abgeschrieben und war ziemlich enttäuscht.

Nun brauchten wir für dieses Vorgehen auch die Zustimmung des Erzbischofs. Er entschied, dass Ordenskandidaten seiner Erzdiözese aus Namibia nur dann angeworben werden dürften, wenn sie nach ihrer Ausbildung in Inkamana wieder nach Namibia zurückgeschickt würden, falls sie dies wünschten. Nicht nur der Abt, sondern auch die Vollversammlung der Mönche, also das sogenannte Kapitel, mussten diese Bereitschaft schriftlich erklären. Ich bekam alsbald das begehrte Papier und legte es dem Erzbischof vor und damit waren die Weichen gestellt. Stimmte aber die Richtung?

Es dauerte nicht lange, da hatten wir nach etlichen „Fischzügen" eine nette Gruppe von acht Aufnahmebewerbern beisammen, die im ersten Jahr der Vorbereitung ‚Postulanten' genannt wurden.

Darunter war auch der junge König eines großen Buschmann-Stammes im Osten Namibias. Als sein königlicher Vater starb, wurde mir ein von ihm handgeschriebenes geistiges Testament überbracht: Ich solle das „Licht des Glaubens" seinem Stamm bringen, etwa 10.000 Angehörigen. Bruder Alexander, der junge König, plante, im Stammesgebiet einst ein eigenes Buschmann-Kloster zu errichten. Er hat später sogar damit begonnen, obwohl seine Verpflichtungen sich nicht mit seinem Klosterleben in Inkamana vereinbar zeigten. Da half auch nicht, dass er mich zu einer Art Stellvertreter machte. Ich kannte ja die Sprache mit ihren 13 Klicklauten nicht. So trat Bruder Alexander wieder aus Inkamana aus, um sich seiner sehr wichtigen Berufung als Stammeskönig zu widmen. Ich sollte ihn dabei weiterhin beraten, als ‚Royal Chief Adviser'. Dieses Amt nahm ich gerne an.

Da stellte sich unmittelbar ein Problem: Dieser San-Stamm war bisher noch frei von HIV. Dabei gehört Namibia zu den bisher meist infizierten Ländern. Dringt dieser Virus in den Stamm ein, dann wird dies beim Zusammenleben dieser naturnahe lebenden Menschen zu einer tödlichen Gefahr für den ganzen Stamm. So beschlossen wir, dass jeder Stammesangehörige, der für kurz oder lang das Stammesgebiet verlassen will, sich beim König oder Ältestenrat abmelden müsse. Nach Rückkehr muss er solange in Quarantäne leben, bis ein negativer HIV-Test vorliegt. Bei positivem Ergebnis wird die Rückkehr nicht gestattet. Dies ist zwar hart, hat sich aber offenbar bewährt.

Diese erste Postulantengruppe aber bildete eine frohe und interessierte Gemeinschaft, eine echte Bereicherung für Waldfrieden.

Ich beteiligte mich dort am Unterricht. Es machte mir Freude. Aber waren die jungen Menschen, meist noch aus der Lehmhütte, auch genügend betreut und geführt in unserm täglichen Stress? Später würde sich dies zeigen.

Bruder Alexander Marvin Basson Marvincius III., König der Xu Kan

Einstweilen mussten wir uns mit dieser vorgegebenen Situation zufrieden geben und das Beste daraus zu machen versuchen. Ich musste mich wieder häufig auf Fahrt machen, um die Vocation Gruppen zu besuchen, die an manchen Schulen zu beachtlicher Größe angewachsen waren.

Jetzt, nach mehr als anderthalb Jahrzehnten, zeigt sich, dass für meine Tätigkeit kein Nachfolger gefunden wurde,

Erste Postulanten – links Francis, rechts Henry

und Waldfrieden existiert nur mit Mühe weiter. Der erhoffte Neuzugang fürs künftige Kloster wurde in Inkamana nicht besonders glücklich. Die dort durchgehalten haben, sind fast alle noch dort festgehalten. Das Versprechen, das dem Erzbischof schriftlich gegeben wurde, ist vergessen. An ein auch noch so kleines Kloster der Benediktiner in Namibia ist vorerst kaum mehr zu denken. Erzbischof und Abt dürfen wir längst im Himmel vermuten. Dort können sie nun die Sache zu Ende verhandeln, was uns auf Erden wohl nicht viel weiterhilft.

Trotzdem hat die intensive Arbeit in Namibia sicher viele Früchte getragen, auch wenn der Zielrichtung die Spitze von vornherein abgebrochen wurde. Mehr außerhalb von Waldfrieden sind Dinge gewachsen, die bis heute noch guten Bestand haben, wie Priesterseminar in Windhoek, Kinderbetreuungsstätten, Schulen, Flüchtlingsseelsorge. Unsere gemeinsamen Bemühungen waren sicher nicht umsonst.

In Waldfrieden tauchten aber auch materielle Probleme auf. Auch ein gemachtes Nest kann reparaturbedürftig wer-

Postulantengruppe beim Unterricht

den. Dies wurde es sogar sehr massiv. Mit diesen Kosten hätte man wohl besser ein kleines neues Kloster bauen können. Nun wird diskutiert, Waldfrieden auf- oder abzugeben. Und die Idee wurde neu geboren, in Maria Bronn ein kleines Kloster oder eine sonstige Basis zu errichten, damit die namibischen Mönche in Inkamana in ihrem Heimatland ein geistliches Zuhause finden können. Warum aber nicht gleich?

Poor Clares

Mit dem Erzbischof von Windhoek und damit Primas von Namibia stand ich in besten Beziehungen. Er verstand mich und ich ihn. Er gab mir den Rückhalt für meine ganze Arbeit in Namibia. Ich hatte seine Erlaubnis und hirtenbriefliche Veröffentlichung, in jeder Schule Namibias zu den Schülern zu sprechen, ohne erst die oft so schwierige Zustimmung der oft weit entfernten Pfarrer zu erwirken. Auch konnte ich jederzeit

Vocationgruppe an der Levi High School. Diese Internatsschule wird von über 1000 Schülern besucht und liegt tief in der Owambo-Steppe.

bei ihm vorsprechen. Dann hörte er geduldig zu und seine Ansichten waren dann jeweils sehr akzeptabel.

In Waldfrieden war die Zeit der Firmung gekommen. Eine große Zahl Jungen und Mädchen waren vorbereitet und angemeldet und freuten sich auf das Fest. Als der große Tag gekommen war, hatte sich die Kirche zur Zeit des Gottesdienstes gefüllt, eigentlich überfüllt, da viele Verwandte der Firmlinge gekommen waren. Alles war vorbereitet und alles war da, nur einer fehlte noch: Der Erzbischof. Ich wurde nervös und die Gäste wurden unruhig. Stress kam in mir auf. Was tun? Ich rief die Nummer des Erzbischofs an in der Hoffnung, dass niemand abhebt. Doch er hob ab, war also noch in Windhoek, – 250 km entfernt. Er gab freimütig und reuig zu: „Ich habe den Termin vergessen und kann erst morgen kommen." – „Aber wir haben sehr viele Gäste von weither, die unter finanziellen Opfern gekommen sind. Wir haben für so viele auch keine Übernachtungsmöglichkeit und sind für Verköstigung so Vieler

Klosterinteressenten: links Michael, rechts Boniface, ein Buschmann

nicht vorbereitet." – Ich hoffte, der Erzbischof würde sich ins Auto setzen und in zwei Stunden da sein. Stattdessen: „Halte Du die Firmung. Ich gebe Dir die Vollmacht dazu." – Dies kam für mich völlig unerwartet. Ich hatte noch nie offiziell gefirmt, nur sterbende Kinder oder im Zusammenhang mit einzelnen Erwachsenentaufen. Jetzt aber an die Stelle des Erzbischofs zu treten, erschien mir doch einige Nummern zu groß. Aber es blieb mir nichts anderes als anzunehmen.

Liturgische Texte für die Firmung waren jedoch nicht da. Der Erzbischof hatte sie ja für solche Anlässe immer bei sich. Aber welche Texte hatten die Apostel bei ihren Firmungen verwendet? Sicher gab es da in Jerusalem noch keinen kirchlichen Verlag. Der Heilige Geist war wohl nicht auf menschliche Druckerzeugnisse für Sein Kommen zu unsern Kindern angewiesen. So begann ich nach einigen Erklärungen mit dem Gottesdienst in der Hoffnung, dass mir inzwischen schon was für die eigentliche Firmhandlung einfallen würde. Der Heilige

Geist ließ mich auch hierin nicht im Stich, und so wurde daraus ein schöner, da auch, außer mir, gut vorbereiteter Gottesdienst, wenn auch ohne Mitra und Stab.

Die Freude der Gottesdienstteilnehmer war unübersehbar groß, und nach dem Gottesdienst wurde erst einmal zu Trommel und Gesang getanzt, wie dies so nur in Afrika möglich ist.

Am Abend dieses festlichen Tages ging ich noch in das Jungenhostel, um den Abendsegen und den Gutenachtgruß zu geben. Da fiel die Bemerkung: „Wir haben immer schon gewusst, dass Du ein verkappter Bischof bist!" Da half auf meiner Seite keine berichtigende Widerrede.

Der Erzbischof, der natürlich davon hörte, fürchtete in mir jedoch keinen Nebenbuhler, und ich konnte weiterhin mit ihm über alles Anliegende sprechen. Er vertraute mir auch seine Sorgen an. Eine davon war: Wir haben in Namibia verschiedenste Orden, aber alle gehören den aktiven Ordensfamilien an. Aber wir brauchen hier auch Beter. Wir brauchen hier einen kontemplativen Orden, damit viel gebetet wird in all unseren Problemen. Er fragte, ob ich ihm einen besorgen könnte? Da war ich ganz anderer Meinung.

Aber dann fielen mir die Poor Clares in Lilongwe, der Hauptstadt Malawis, ein. Die hatten so viele junge Schwestern, dass sie vielleicht eine Gründergruppe nach Windhoek schicken könnten, um hier einen Ableger zu entwickeln. Ich versprach dem Erzbischof, dass ich mit der Äbtissin darüber reden würde, wenn ich wieder nach Malawi fahren sollte. Hoffnung hatte ich nicht viel.

Ich hielt alsbald mein Versprechen. Die Äbtissin freute sich über mein erneutes Kommen und zeigte mir ein offenes Ohr. Viele, viele Fragen und Überlegungen ergaben sich, und dann auch einige Bedingungen, die mir zeigten, dass wir schon auf dem erwünschten Geleis waren. Die Bedingungen waren natürlich hauptsächlich materieller Art. Ein Grundstück am rechten Platz musste gefunden werden, ein geeigneter Architekt, der was vom Klosterbau versteht, und dann der „Nervus rerum": Wer soll das bezahlen, wer hat so viel Geld? Die Poor Clares waren wirklich poor, bettelarm.

Da wurde ich wieder ganz klein. Doch meine Rückantwort beim Erzbischof stieß auf keinen unerwarteten Boden. Es gelang ihm, auch seinen Generalvikar zu überzeugen, ein deutscher Oblatenpater und ich hatte schon freundschaftliche Beziehungen zu ihm. Er war zuversichtlich, die entsprechenden Geldquellen in Deutschland erschließen zu können.

Er fand auch einen einschlägigen Architekten, und ein geeignetes Grundstück war bereits in der Hand der Diözese. Es dauerte nicht sehr lange, bis ich zum Ersten Spatenstich eingeladen wurde. Und dann ging es für Afrika überdurchschnittlich schnell. Ein wunderschöner Klosterbau entstand in einfacher Architekur, wie es dem franziskanischen Geist entspricht: Schönheit in der Einfachheit. Auch die dazugehörige Kirche ist bestechend schön.

Zur Einweihung des Gebäudes samt dazugehöriger Kirche waren bereits die ersten Schwestern der Gründungsgruppe anwesend, und heute ist das Kloster fest etabliert.

Jetzt ist der Ball im Netz Gottes. Er wird nicht enttäuschen. Namibia aber hat seinen Orden von unermüdlichen Betern. Die meisten Schwestern sind bereits aus Namibia. Der Erzbischof aber wurde zu meinem Leidwesen bald sehr krank. Auch in Deutschland konnte man sein Krebsleiden nicht stoppen, nur seine letzten Tage hier erleichtern. Jetzt kann er vom Himmel aus für seine Poor Clares sorgen.

Osire

Schon im ersten Jahr meines Aufenthaltes in Windhoek kam ich mit einer Frau in Kontakt, die ihre Sorgen kaum verbergen konnte. Immer wieder kam sie an die Pforte des Hospitals der Tutzinger Schwestern, wo ich vorerst mein Domizil hatte. Dort bekam sie Lebensmittel für ihre Familie. Sie erzählte mir, dass sie mit ihren Kindern aus Angola nach Namibia geflohen war. Ihr Mann, Vater ihrer sechs Kinder, war höherer Beamter, aber wegen seiner christlichen Grundhaltung bei der kommunistischen Regierung von Dos Santos in Misskredit geraten. Dies war lebensgefährlich und so wurde er auch schließlich erschossen. Dies war kein Einzelfall: Die Priorin der Tutzinger Schwestern in Namibia kam bei ihrer Reise nach Angola zu der dortigen Schwesterniederlassung unversehens dazu, wie Eltern, die sich der gewaltsamen Wegnahme ihrer Söhne zur kommunistischen Ausbildung in Kuba widersetzt hatten, der Reihe nach erschossen wurden. Nun konnten die Kinder abtransportiert werden.

Die erwähnte Frau hielt es für das Sicherste, mit ihren Kindern nach Namibia zu fliehen.

Sie konnte kaum Englisch und noch weniger das in Namibia populäre Afrikaans. Wohl aber der Sohn, den sie einmal zum Betteln mitgenommen hatte, Altino. Der etwa 15-Jährige machte einen auffallend guten Eindruck. Er erzählte mir, was die Familie auf der Flucht alles mitgemacht hatte, bis herunter zur Jüngsten, der zweijährigen Maria. Ich erfuhr zum ersten Mal von Osire. Dabei handelte es sich um ein großes Flüchtlingslager, in dem viele Menschen aus gefährlichen Ländern Sicherheit fanden. Da waren Flüchtlinge aus dem entfernten Ruanda, wo Zehntausende von Hutus und Tutzi sich gegenseitig umbrachten. Von einem Blauhelm der UNO erfuhr er, wie Frauen Schlange stehen mussten zum Köpfen, nur weil sie Hutus waren. Ihre Männer waren wohl schon voraus gegangen. Die UNO-Soldaten mussten untätig dabeistehen. Sie durften auf höheren Befehl nicht eingreifen.

Um den Massakern zu entgehen, blieb eigentlich nur die Flucht. Sehr viele Menschen liefen unter unglaublichen Strapazen durch den Kongo und Angola Tausende von Kilometern nach Süden, weil sie vom sicheren Osire gehört hatten.

Ich begann mich für Osire zu interessieren und brachte eines Tages Mutter und Sohn mit den bisschen ergatterten

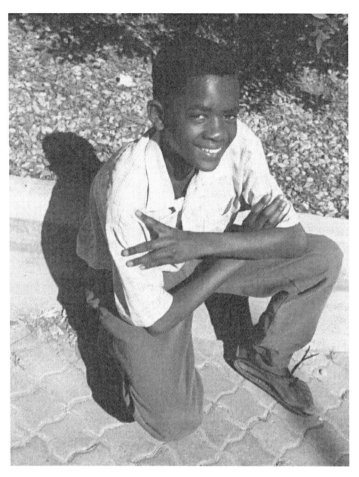

Altino aus Angola: ersetzt den Vater für sechs jüngere Geschwister

Lebensmitteln zurück ins Lager. Es waren über 100 Kilometer von Windhoek aus, ein Lager in einsamer, sonst fast menschenleerer Steppe. Dort lernte ich die ganze Familie kennen. Sicher waren sie dort schon, ja, aber die Zustände waren so, wie sie in Flüchtlingslagern die Regel zu sein scheinen: Überfüllung, kein gutes Wasser, wenig Essen, schlechte Unterkunft.

Es war die Rede von über dreitausend Flüchtlingen, meist aus Angola. Was den Menschen dort aber am meisten zu fehlen schien, war eine religiöse Betreuung.

Ich versuchte zwar, Altinos Familie Erleichterung zu bringen. Gegen Bezahlung konnte sogar den Kindern Unterricht erteilt werden, aber die Menschen erbaten von mir vor allem priesterliche Dienste. Ich versprach, alsbald zu einem Gottesdienst zu kommen.

Als ich wenig später dazu kam, hatten die Menschen mit Holzpfählen und Plastikfolien eine Art Zelt konstruiert. Sogar ein Tisch war da, der als Altar dienen konnte. Der Raum füllte sich sehr schnell. Viele wollten beichten, aber ich verstand die portugiesische Sprache der Menschen nicht. Doch sah ich jeweils die Voraussetzung gegeben, die Lossprechung ohne Komplikationen zu erteilen. Die Menschen hatten schon genug gelitten. Jesus hat Portugiesisch sicher verstanden und auch sicher nicht auf einem auswendig gelernten Beichtspiegel bestanden.

Viele Beichtwillige musste ich dennoch aufs Ende des Gottesdienstes vertrösten, um die andern nicht zu lange warten zu lassen.

Sie beteten den Rosenkranz und anschließend wollte ich mit dem Gottesdienst beginnen.

Das nächste Problem war die anzuwendende Sprache. Es lagen Messtexte vor in Portugiesisch.

Mit dieser Sprache hatte ich zuvor noch nie zu tun. Ein Sprachkundiger wies mich schnell in die gar nicht so einfache Aussprache ein. So hielt ich meine erste Hl. Messe in Portugiesisch.

Die Begeisterung war groß. Ich wurde inständig gebeten, bald wiederzukommen. Meine Zeiteinteilung musste dies einfach hergeben.

Als ich wiederum kam, war die „Kirche" verbessert, sodass sie mehr Platz bot. Aber im fast ständig blasenden Steppenwind flatterte die Plastikhaut, zum Teil durch Zeltbahnen ersetzt, und das gab sehr unangenehme und störende Geräusche. Auch war ich mir nie sicher, ob nicht die ganze Konstruktion über unsern Köpfen davon geblasen würde. Es musste etwas geschehen. Ich dachte an einen ehemaligen Schüler, den ich einst als Zehnjährigen ins Missionsseminar in Dillingen aufgenommen habe. Gut, dass die Zeit vergeht: Er war nach 9 Jahren Schulzeit mit gut bestandenem Abitur ins Noviziat der Jesuiten eingetreten. Zuvor hatte er mich noch in Kenia besucht, an einer abenteuerlichen Fahrt durchs von Bürgerkrieg geschüttelte Uganda furchtlos teilgenommen und an Afrika Gefallen gefunden. Als junger Priester schon wurde er ausgesandt nach Zimbabwe, wo er seine ersten Erfahrungen mit menschlicher Not und Gewalttätigkeit machte. Offenbar hat er sich dabei so bewährt, dass ihm die Leitung des SJ-Flüchtlingswerks für den südafrikanischen Großraum anvertraut worden war. Da musste doch was zu machen sein. Hatte ich ihm einst als Kind aus dem Bauernhof zum Priesterberuf verholfen, so konnte er jetzt vielleicht seinem ehemaligen Erzieher helfen. Der Kontakt gelang. Er versprach zu kommen – und er kam. Zusammen fuhren wir ins Flüchtlingslager, das ihm nur aus den Statistiken her bekannt war. Nun sah er, dass die dortige Not sich für das von ihm verwaltete Werk qualifizierte. Wir besprachen uns mit den Führungsstrukturen des Lagers. Es entwickelte sich eine Idee: Das Hilfswerk bezahlt das Baumaterial für eine angemessene Kirche und ein schnell gebildetes Komitee von Lagerinsassen übernahm Planung und Bauausführung. Zeit war genügend vorhanden. Niemals wurde die Idee ausgesprochen: Gebt uns das Geld doch fürs Essen. Die Kirche war wichtiger. Sie wurde in rasantem Tempo gebaut, ganz einfach und schlicht, aber durchaus angemessen und wirksam. Wahrscheinlich tut sie heute noch ihre Dienste; denn in Afrika scheint es immer Flüchtlinge zu geben, gerade in den wohlhabenderen und friedlichen Ländern wie Namibia. Sollte aber das Lager überflüssig werden, so haben die umliegend lebenden Einheimischen ihre eigene Pfarrkirche. Noch sieht es aber nicht so aus. Wie ich höre, hat sich die Belegungszahl verdoppelt.

Noch oft bin ich zum Gottesdienst gekommen und freute mich über den religiösen Eifer der Angolaner. Unter den Flüchtlingen aus Ruanda fand sich auch ein Priester, Pater Oskar, der den ganzen Weg ebenfalls zu Fuß gelaufen ist, obwohl er krank war. Der Erzbischof von Windhoek nahm sich seiner an und nun ist er als Pfarrer in Holland tätig. Altino habe ich noch öfter zu meinen Fahrten quer durch Namibia eingeladen. In ihm hatte ich einen guten Begleiter.

Er und seine Familie konnten nach Beruhigung der politischen Lage in Angola wieder in die Heimat zurückkehren und sie bauten sich dort eine neue Existenz auf. Ob Altinos dringender Wunsch, Priester zu werden, sich erfüllt hat, weiß ich nicht. Die Fähigkeit dazu war ihm gegeben.

Wieder einmal war eine Fahrt nach St. Michael fällig. Ich sollte dort den sonntäglichen Morgengottesdienst mit all den 400 Kindern feiern. Noch am Samstagabend wollte ich eintreffen. Diesmal hatte ich die Möglichkeit, einen Begleiter mitzunehmen, Altino, den Jungen aus Angola.

Auf der Hinfahrt war noch ein Abstecher nach Okakarara geplant, der Hauptstadt des Herero Stammes. Ich wollte mit der Schulleitung der dortigen Höheren Schule sprechen. Auch dort bestand Interesse an einer Vocation Group. Alles verlief normal. Rechtzeitig machten wir uns wieder auf den Weg zurück der Nord-Süd Hauptstraße zu, die das Owamboland mit Windhoek verbindet. Es ist eine langwierige und langweilige Strecke, meist kerzengerade durch die sandige und buschige Ebene. Das Auto möchte laufen.

Ich legte ihm keine Zügel an. Da tauchte aus dem hohen Gras neben der Straße plötzlich ein Warzenschwein auf, ein Eber von eindrucksvoller Größe. Er rannte dem Auto voran, so schnell er konnte. Da packte mich ein bisher schlafendes Gen eines Urjagdtriebes. Ich zielte auf das kapitale Wild. Es gab einen größeren Rumpler als ich erwartet hatte. Der Eber

Warzenschwein

wurde auf die Seite geschleudert. Das Auto kam zum Halten. Die Front war etwas nach hinten verlegt.

Schlimmer noch, die Flüssigkeit der Klimaanlage lief aus. Noch schlimmer: Am Motor war eine Quelle heißen Wassers entsprungen. Bald war sie wieder versiegt. Das Kühlerwasser war weg. Der Motor würde schmelzen. Der unschuldige Eber saß dabei friedlich neben dem Autoheck, hechelnd. Ein Mordskerl! Ich dachte gar nicht daran, dass er mich anspringen könnte. Ich hätte den Kürzeren gezogen. Dazu aber war er offenbar nicht mehr fähig.

Er fiel um und war tot. Blut sah ich nicht. Also waren es innere Verletzungen. Eigentlich wollte ich ihn gar nicht umbringen. In jugendlichem Übermut wollte ich ihn nur ein bisschen anstupsen und ihm so einen kleinen Denkzettel geben, dass er auf der Straße nichts verloren hat. Dabei habe ich den Geschwindigkeitsunterschied unterschätzt.

Nun hatte er sterbend mir einen Denkzettel gegeben. Was sollten wir nun mit unserm Motor ohne Kühlwasser anfangen?

Zunächst aber galt es erst einmal, die Leiche zu bergen. Sie mitzunehmen war verboten und wurde als Wilderei geahndet. Soll aber das kostbare Fleisch am Straßenrand erst verwesen?

Da Gesetze nicht dazu da sind, uns zu Unsinn zu verleiten, was aber trotzdem immer wieder passiert, schien es uns sinnvoller, dem Keiler ein letztes Geleit zu geben in unserem Kofferraum. Da wollte er wegen seiner Größe aber kaum hineinpassen. Mit einem Taschenmesser so einen massiven Körper zu zerlegen, war ebenfalls nicht ratsam.

Also trampelte ich mit meinem ganzen Körpergewicht so lange auf dem kostbaren Toten herum, bis die Klappe des Kofferraum schloss. Das größere Problem aber lag immer noch zur Lösung bereit.

Hilfe von außen konnten wir kaum erwarten. Während der ganzen Zeit bisher war kein einziges Auto vorbeigekommen. Selbst wenn wir Wasser bekommen hätten, wäre es sofort wieder ausgelaufen. Wir mussten uns etwas anderes ausdenken.

Vielleicht kommen wir vom Fleck, wenn wir die englische Coasting Methode anwenden:

Das Auto ganz schnell auf etwa 100 Stundenkilometer hochjagen und dann Gang raus und Motor abschalten. Das Auto rollt dann weiter, etwa einen Kilometer. Dann allerdings muss eine Wartezeit eingelegt werden, bis Spucke auf dem Motor nicht mehr zischt. Da reichen meist fünf bis zehn Minuten aus.

Nun waren es bis zur Hauptstraße noch etwa 20 Minuten normale Fahrt. Was aber dann? Ich wusste, dass in Richtung Windhoek die große Wildlodge Ondjiwa liegen musste. Zu ihr gehört ein Wildreservoir von 10 000 Hektar. Viele Autos stehen ständig bereit für die Fotosafaris der Gäste.

Da müsste auch ein Automechaniker angestellt sein. Die Lodge selber ist in deutschem Besitz. Das müsste doch passen!

Für die 20 km bis zur Hauptstraße brauchten wir um die anderthalb Stunden. Der Motor zeigte noch keine Schmelzabsichten. Jetzt blieb nur zu hoffen, dass es bis zur Ondjiwa Lodge auch nicht weiter sein würde. Ja, wir erreichten sie bei Einbruch der Dunkelheit nach etwa weiteren 2 Stunden. Der Motor machte immer noch mit.

Jetzt aber kam die Stunde der Wahrheit. Der Besitzer des Unternehmens war in Windhoek, aber der Manager, ebenfalls ein Deutscher, zeigte sich freundlich. Es gab wirklich einen Automechaniker und der war auch, trotz Feierabend, bald zur Stelle. Ein uralter Herero, sichtbar mit allen Äquatorwassern gewaschen. Aber er verstand sein Handwerk. Im Nu hatte er das Leck gefunden hinter dem Buggitter bei der Propellerkühlung. Er baute das Kühlsystem aus. Dann machte er es mit Hartlot dicht. Sodann wurde das Stück wieder mit Wasser gefüllt und mittels eines Kompressors unter Druck gesetzt. Es hielt stand. Nach dem Einbau waren wir wieder fahrbereit. Ich fühlte mich irgendwie verpflichtet, dem tüchtigen Mechaniker eine Freude zu machen. Doch sollte dies über den Manager gehen, weil er ja den Auftrag zur Reparatur erteilte. So versprach ich dem Meister was anderes:

„Weil Du so tüchtig gearbeitet hast, komme ich morgen Abend wieder und lade Euch alle zu einem Sonntagsgottesdienst ein. Dann haben alle etwas davon und Du bist der König!" Der Herero schien nicht recht glücklich über dieses Angebot zu sein und hielt mir entgegen: „Die Sau da hinten wäre mir schon lieber!" – und er deutete aufs Heck des Wagens mit der seltenen Fracht. Ich glaubte, den Herrgott lachen gehört zu haben. – „Also nimm sie. Sie gehört Dir," – und ich atmete auf, sie los zu sein. Das Sonntagsangebot hielt ich trotzdem aufrecht und der zurückgekehrte Besitzer war erfreut darüber.

Der ‚große Kongress-Saal' wurde mir dafür zugesprochen. Der Manager sollte das ganze Dienstpersonal und alle Gäste informieren.

Wir fuhren sofort los nach St. Michael, ungefähr 200 Kilometer und wir kamen gut an, weil sich die Wildtiere, die sich am liebsten nachts tummeln, diszipliniert verhalten hatten.

Allerdings rannte mir eine Tüpfelhyäne direkt vor den Bug. Der hielt es aus und die Hyäne wohl ebenfalls; denn trotz gründlicher Suche in der Nacht war keine Leiche zu finden. Diese Tiere sind leicht wie Windhunde, die massigen, fetten Warzenschweine aber sind die Panzer der Straße.

Der Gottesdienst auf St. Michael war jedenfalls gesichert. 400 Kinder hatten ihre Sonntagsfreude.

Als wir gegen Abend wieder nach Ondjiwa gelangten, waren die Vorarbeiten schon voll im Gange. Der Kongresssaal wurde zur Kirche umfunktioniert, ein weiß gedeckter Tisch war aufgestellt und ich brauchte nur noch meine Messgeräte draufzustellen.

Alle Landrover der Lodge waren noch unterwegs, die Nachbarn aus der Umgebung heranzufahren. Der Saal wurde, im Gegensatz zum Mahlgleichnis im Evangelium, voll. Unter den Bediensteten fanden sich Leute mit liturgischer Erfahrung und sie bildeten einen Chor, der dann auch die andern mit sich riss. Es wurde ein wunderschöner Gottesdienst. Die Teilnehmer waren mitgerissen. Die Gäste wunderten sich über dieses unerwartete Angebot und beteiligten sich offenbar weitgehend, ohne Rücksicht auf Konfession. Können unsere besser geplanten Gottesdienste in Deutschland nicht auch freudiger und lebhafter sein?

Hinterher wurde mir viel Dankbarkeit entgegengebracht. Vor allem das Personal wünschte, ich solle doch bald wieder kommen zu einem Gottesdienst. Sie seien hier ganz allein gelassen.

Von der Betriebsleitung erfuhr ich, dass dies der erste Gottesdienst auf der Lodge seit ihrem Bestehen war. Auch sie wollten, dass ich wieder komme, sogar regelmäßig. Das war mir zeitlich nicht mehr möglich ohne andere schmerzliche Zurückstellungen. So vielleicht hin und wieder.

Zum späteren Nachtisch erhielt ich eine Beschwerde vom Pfarrer, auf dessen Gebiet die Lodge liegt, dass ich ihn nicht um Erlaubnis gebeten hätte. Ja, alles muss seine Ordnung haben. Ich bin deshalb nicht mehr zur Lodge gekommen. Wenn er nun hingehen würde, wäre ja alles in Ordnung. Er tat es nicht. Dem Kirchenrecht aber war somit Genüge getan, – auch im Sinne Jesu?

Immerhin hat das Warzenschwein durch meinen Übermut und seinen Martertod etwas Großartiges bewirkt. Man möchte in den Lobgesang der Drei Jünglinge des Sonntagsbreviers einbauen: „All ihr Warzenschweine, lobet den Herrn!"

Königsgräber

Ich war schon einige Zeit in Namibia und hatte doch nicht alle Missionsstationen, auf denen unsere Missionsbenediktinerinnen tätig waren, erreicht. So machte ich mich wieder auf die Reise. Diesmal wollte ich die Station im äußersten Nordosten des Missionsgebietes, Andara genannt, erreichen. Von Windhoek fuhr ich daher nach Norden über Grootfontain nach Rundu, mehr als 800 km. Diese Stadt liegt bereits am Okavango Strom, dem nordöstlichen Grenzfluss zwischen Namibia und Angola und ist Haupstadt des nach dem Fluss benannten Kavango Gebietes. Von dort führt eine moderne Schnellstraße die 500 km nach Katimo Mulilo, der Hauptstadt des Caprivi-Dreiecks. Auf halber Strecke liegt bereits Andara. Ich fuhr auf eine beträchtlich große Kirche zu. Daneben ist das Pfarrhaus. Etwas abseits ist das große Missionshospital mit dem Schwesternhaus gegenüber. Eine große Internatsschule von Hunderten von Jungen und Mädchen gehört ebenfalls dazu. Es war offenbar schon sehr viel Missionsarbeit auf diesem abgelegenen Platz geleistet worden.

Als ich ankam, läuteten gerade die Kirchenglocken zur Abendmesse. Viele Kinder zogen in die Kirche ein. Ich mit ihnen.

Der ganze Kirchenraum war voll jungen Lebens mit den dazugehörigen Dezibels. Was aber fehlte, war das ältere, der

Pfarrer. Er war, wie ich schnell erfuhr, auf Safari und niemand wusste, ob er rechtzeitig zurückkommen würde. Alles wartete geduldig in der vollen Kirche.

Doch der Missionar kam einfach nicht an. Vielleicht lag er irgendwo mit Panne im Sand. Es gab ja auch kleine Außenstationen um die Mission herum.

Die Kinder ins Hostel zurückzuschicken, wäre zu enttäuschend gewesen. So trat der Katechist an mich heran. Aber ich hatte keine Ahnung von der Sprache. Englisch war zu wenig bekannt. Von der Ortssprache, dem Mkumbushu, hatte ich keine Ahnung. Als Messbuch waren ein paar Blätter hergerichtet, mit Schreibmaschine beschrieben, alles in Kumbushu.

Was tun? Ich fühlte mich so hilflos. Da waren nette Ministranten in ihren weißroten Röckchen angekleidet. Ich ließ mir ein paar Sätze langsam vorlesen. Wie wird das H ausgesprochen und das J, sowie Ypsilon und die Vokale, vor allem wenn sie hintereinander standen. Es dauerte ein paar Minuten, bis ich begriffen hatte, und schon läutete die Sakristeiglocke zum Beginn.

Ganz langsam und zögernd rang ich um die ersten Worte. Die laut schallenden Antworten ermutigten mich. Dazwischen die rhythmischen Lieder. Es ging also, wenn auch sicher sehr fehlerhaft. Obwohl ich kein Wort dieser Texte kannte, wusste ich doch, um was es sich jeweils handelte. Und so ging der Gottesdienst langsam dahin und dem Ende zu, während meine schon bei Beginn verschwitzte Kleidung noch nässer wurde.

Am Schluss kam für mich die große Überraschung: Einige ältere Jugendliche, die schon etwas Englisch konnten, stürmten in die Sakristei und bedrängten mich geradezu, bei ihnen zu bleiben: „Du darfst nicht mehr gehen und musst bei uns bleiben. Du kennst ja unsere Sprache!" – So schnell habe ich noch nie eine Sprache „gelernt".

Der Missionar kam erst spät zurück und war froh, dass ich für ihn eingesprungen war. Er war ein sehr temperamentvoller polnischer Priester und auch der richtige Manager des umfangreichen Missionsbetriebs. Probleme hatte er allerdings mit seinem Hobby, einer Schäferhundezucht. Schon wieder war er in Trauer, als er die Häupter seiner Lieben zählte; denn es fehlte schon wieder ein teures Haupt: Den Hunden, die frei herumlaufen wollten und auch sollten, konnte man nicht abgewöhnen, ihren häufigen Durst am Flussufer zu stillen. Bei Rückkehr hatte sich dann nicht selten die Zahl um ein Tier verringert. Bis man es bemerkte, war es schon im geräumigen Magen eines Krokodils untergebracht. Die Krokodile seien die besten Abnehmer seiner Zuchtergebnisse, erklärte er mir verärgert.

Umso erfolgreicher war er bei der Zucht anderer Vierbeiner, die, gut inhaftiert, bessere Einkommensergebnisse erzielten. So hatte er vor kurzem erst den selbst entworfenen modernen neuen Schweinestall vollendet, von Miserior finanziert. Der Bischof äußerte bei seinem kürzlichen Besuch erstaunt, dass dieser Schweinestall seine schönste Kathedrale wäre. Ich kannte den jungen Mann schon von früher als humorvollen Hirten seiner vielen ‚schwarzen Schafe'. Sein Humor und nicht nur dies machten ihn beliebt.

Es war bereits in der kurzen Abenddämmerung, sodass ich mit den wenigen Schwestern, die das Krankenhaus leiteten und nun zum gemeinsamen Feierabend zurückkamen, zusammen sein konnte. Alle waren Namibierinnen. Es gab viel zu erzählen. Sie wollten alles Mögliche von mir, ihrem neuen geistlichen Betreuer, wissen und ich nicht weniger von ihnen. Am nächsten Tag wollten sie mir die ganze Missionsstation zeigen und ich sollte die vielen Kranken besuchen und sie segnen. Auch gäbe es Versehfälle. Dazu war ich gerne bereit. Und „Sie müssen unbedingt auf die ‚Insel' gehen und die Königsgräber besuchen." Dies war mir neu. Natürlich zeigte ich auch die entsprechende Neugierde. Schon am nächsten Morgen sollten die Besichtigungen stattfinden, bevor die brennende Sonne das Feld beherrschen würde. Die ganze

Mission war von tropischem Urwald umgeben. Mächtige Bäume ragten wohl seit Urzeiten in die Höhe aus dem fast undurchdringlichen Unterwuchs heraus. Dazwischen hatte sich der breite Okavangofluss, von Palmen begleitet, sein Bett gebahnt. Sogar ein kleines E-Werk hatte der Missionar in den Fluss hinein gebaut. So gab es auf Andara Strom aus eigener Erzeugung. Gewaltige, übereinander getürmte Felsblöcke luden zu Kletterpartien ein. Alles war wunderschön. Für die Kinder ein wirkliches Paradies.

Am Ende des Rundganges erreichten wir wieder das Flussufer. Da war ein kleiner Einbaum.

Jetzt aber Vorsicht, damit wir nicht mit Hunden verwechselt werden! Da solches schon öfters geschehen sein soll, war nur umsichtiges Erreichen des Wasserfahrzeuges anzuraten. Das schien zunächst kein Problem zu sein. Aber als der Einbaum, vom Kapitän samt Steuerfrau, der mutigen jungen Schwester Venantia („Jägerin') durch energisches Paddeln bedenklich ins Schwanken kam, fragte ich nachdenklich, wie sich ein Kentern auswirken würde. Dann fressen uns ganz einfach die Krokodile, war die nüchtern sachliche Antwort. Das ginge sehr schnell. Doch hätten sie nicht immer so großen Hunger. Und sie erzählte aus ihrer hier verbrachten Kindheit, dass es unter den Jugendlichen eine häufige Mutprobe war, den Fluss trotz der Krokodile schwimmend zu durchqueren. Sie habe dies selbst ein paar Mal ausprobiert, mit vollem Erfolg, wie man sehen konnte. Trotzdem war ich froh, den unstabilen Bootsboden bald wieder mit fest verwachsenem Uferboden vertauschen zu können.

Und nun auf zu den Königsgräbern. Die Insel, von zwei Armen des Okavango umflossen, war einige Quadratkilometer flächig, aber über und über voll von Dschungel. Bald hörte ich auf, die Orientierungskunst von Schwester Venantia zu bewundern. Wir arbeiteten uns kreuz und quer durch die verwucherte Landschaft und landeten allmählich an einem breiten und tiefen Bach, wohl ebenfalls ein kleiner Arm des Okawango, der die Insel spaltete. Eine morsche Holzbrücke führte hinüber. Sie hatte eine für mich bestürzende Vergangenheit. In der ‚guten alten Zeit' nämlich, so erzählte Schwester Venantia, waren Ehen auf Probe unter Todesstrafe verboten, nicht etwa vom Papst, sondern päpstlicher als dieser waren die Häuptlinge oder Könige, wie sie genannt wurden. Wurde offenbar, dass sich zwei junge Leute zu sehr geliebt hatten, war das Urteil schnell gesprochen und der Vollzug ließ nicht lange auf sich warten. Unter Volksbegleitung wurden die unglücklich Verliebten auf die Insel zu dieser Brücke geführt. Die Eltern und Familienangehörigen mussten als Zeugen dabei sein. Dann wurden die Opfer gefesselt, mit Steinen behängt, von dieser Brücke ins Wasser gestoßen. Die Beerdigung besorgten die Krokodile.

Es gelang den Missionaren, solche Grausamkeiten zu unterbinden.

Ich hatte genug von den Königsgräbern, sollen sie liegen, wo sie wollen.

Doch der Rückzug war noch ein Problem. Wir mussten ja wieder zu unserm Anlegeplatz finden. Ging schon der Herweg kreuz und quer durch das schwer zu durchdringende Unterholz, wie sollten wir wieder zurückfinden zu unserm wartenden Einbaum. Ja, er musste lange warten, bis wir zerkratzt, zerschunden und verstochen endlich das rettende Ufer erreichten. Das wirklich rettende Ufer auf der anderen Seite des Flusses zu erreichen, erzeugte zuvor noch einen Schmetterlingswirbel in der Magengegend.

Mein Abenteuerbedarf war vorerst gedeckt. Es war schon besser, sich wieder der Jugend zu widmen und ihr dann ein baldiges Wiederkommen zu versprechen. Noch am Abend fuhr ich zu einem anderen Okavangoufer, zurück flussaufwärts zu einer wichtigen Station, an der ich tags zuvor vorbeigefahren war, Nyangana.

Der König

Das Haupt eines Stammes in Afrika ist normalerweise der Häuptling. Er kann Macht über Leben und Tod haben. In der Regel wird er von allen respektiert. Ich habe nie von einem Aufstand oder der Entmachtung eines Häuptlings gehört. Für die Missionsarbeit war es sehr wichtig, mit den betreffenden eingeborenen Autoritäten in gutes Einvernehmen zu kommen und sie zu respektieren. War eine Vertrauensbasis gewonnen, war meist auch fruchtbares Zusammenarbeiten gewährleistet.

Größere Stämme nennen zuweilen ihren Häuptling auch König. Solche Könige fanden zuweilen sogar diplomatische Anerkennung im Empire.

Mein Besuch in Andara brachte mich in Kontakt mit dem Stamm der Mkumbushu. Ich war von den vielen Jugendlichen dort sehr angetan.

Irgendwie war da etwas Besonderes an diesen Menschen. So hätte ich gerne auch deren König kennengelernt. Doch konnte ich da nicht so ohne weiteres meine Aufwartung machen. Ich brauchte zuerst irgendeine Verbindung, durch die sich der König vor den Gesprächen irgendein Bild von mir und meiner Tätigkeit machen konnte. Aber da war wohl nichts zu machen. Ich gab die Idee auf, und es verstrich etliche Zeit darüber, bis ich wieder einmal das Kavangoland aufsuchen konnte.

Die Anfahrt führte immer zunächst durch die Hauptstadt des ganzen Kavangogebietes, Rundu, eine gut angelegte kleine Stadt in weitgehend noch altdeutschem Stil. Dort musste ich in der Regel auftanken; denn im ganzen Kavango war sonst keine verlässliche Tankstelle mehr. In Rundu gab es mehrere. Ich hielt an der nächstbesten an, und während der Treibstoff in den Tank floss, kam ein junger Bursche auf mich zu und bat um einen „Lift" in den Osten. Der Junge gefiel mir und ich fragte nach seinem Ziel. „In die Nähe von Nyangana." – „Gut, steig ein." Während der Fahrt kamen wir natürlich ins Gespräch. Dies ist bei Afrikanern in der Regel sehr leicht. Während sich in Europa die Fahrgäste im Zug in der Regel anschweigen, sind in Afrika die Brücken zum unbekannten Mitmenschen schnell gebaut. Es war für mich interessant, was der hübsche helle Kopf neben mir alles zu erzählen wusste. Ich wollte seinen Namen wissen. „Walter" – war die Antwort. – „Hast Du Geschwister?" Natürlich hatte er etliche, aber er sei der Älteste. Ich wollte nun auch den Beruf des Vaters wissen. Meist kommt da die Antwort ‚peasant', das heißt Kleinbauer. Er aber nannte einen ungewöhnlichen Beruf: „Mein Vater ist König". Mich riss es fast vom Sitz. „König der Mkumbushu?" – „Ja, natürlich!" Für mich war das nicht so selbstverständlich und wie ein Wink des Himmels.

„Dann fahr ich Dich nach Hause, und Du kannst mich dann Deinem Vater vorstellen."

„I'd like it! – Gerne!"

Es war eine Fahrt über 100 km und so konnte ich noch viel über seinen Vater und den Stamm erfahren und auch über ihn selber. Er war getauft, gläubig und sein Berufsziel war, Priester zu werden. Kurz vor meinem Fahrtziel Nanyuki bogen wir links ab und bald schon kam ein aus Stein gebautes, ansprechendes Haus in Sicht, die königliche Residenz. Der König war da. Nach ein paar Vorstellungsworten Walters in seiner Stammessprache und meinen Begrüßungsworten in Englisch mit Namensnennung Father John, wurde der König sehr freundlich. Offenbar hatte er von meinen früheren Besuchen dieser Gegend bereits erfahren und freute sich nun über die eintretende persönliche Bekanntschaft. Es entspann sich ein gutes Gespräch. Als ich dabei auch erwähnte, dass sein Sohn einen ganz besonders schönen Beruf anstrebe, leuchteten die Augen des Königs auf. Es war ihm wohl nicht ganz neu. Es wurde ein langes und für mich sehr instruktives Gespräch, während er von mir wohl auch manch Neues erfuhr. Als ich mich verabschiedete, lud er mich zu weiteren Begegnungen ein. Dies sollte sich bald erfüllen; denn am nächsten Tag sah ich ihn

Postulanten: links Lawrence, aus einem Stamm der San, rechts Peter, ein Ovambo

unter den Gläubigen der Hl. Messe in Nyangana. Hinterher gab es wieder anregende Gespräche. Der König war sehr um das geistliche Wohl seines großen Stammes besorgt.

Walter freute sich, dass ich ihn in die bereits bestehende Vocation Gruppe Nyanganas, die seinem Alter entsprach, einreihte. So haben wir uns noch etliche Male getroffen und auch dem König habe ich bei späteren Vorbeifahrten jeweils einen Besuch abgestattet. Wir wurden so etwas wie Freunde, doch leider nur von kurzer Dauer. Ich spürte bei meinem Zigeunerleben immer wieder, wie mein Herz etwas dagegen hatte und sich schließlich durchsetzte.

Besonders gerne fuhr ich zur Missionsstation St. Michael. Dort bemühte sich ein sehr liebenswürdiger deutscher Missionar, Pater Georg Geiger, zusammen mit fünf Schwestern, um etwa 400 Grundschulkinder, die alle auf der Station lebten, in zwei großen Hostels schliefen und in sieben Klassen, Grad 1 bis 7, zusammengefasst waren. Die Klassen waren also sehr

St. Michael: Aufstellung der Kinder zum Gottesdienst

groß. In Afrika geht dies. Interesse und Lernbegier der Kinder sorgen weitgehend für die nötige Disziplin. Zudem war Pater Geiger auch Pfarrer in der etwa 100 km entfernten Stadt Outjo. Auch hatte er die 80 km im entgegengesetzten Westen liegende Stadt Kamanjab zu betreuen, neben etlichen kleineren Seelsorgestellen, die noch viel weiter nach Westen, Norden und Süden reichten. Sein Seelsorgsbereich hatte etwa die Fläche Bayerns bei natürlich sehr dünner Besiedlung.

Eine Freude war es aber auch stets, mit den Kindern Gottesdienst zu halten. Pater Geiger war dann frei und konnte auf die vielen Außenstationen gehen.

Freiwilligkeit oder Soll bei den Kindern war dabei keine Frage. Es war ihnen eine Selbstverständlichkeit, bei jedem Gottesdienst vollzählig teilzunehmen. Die Kirche in Größe einer durchschnittlichen Dorfkirche war dann gefüllt. Die jungen Teilnehmer sangen dabei begeistert aus vollen Kehlen meist automatisch zweistimmig.

Bei jeder Gelegenheit drängten sie sich um den Beichtstuhl. Ich kann mir dies alles nur so erklären, dass afrikanische Kinder eine sensiblere Jenseitseinstellung haben als wir Europäer. Dies reicht bis zu kindlich mystischen Gotteserfahrungen. Wie könnte ich sonst verstehen, dass Kinder nach der Beichte wahre Freudentänze aufführten. Ich begreife nun, warum Jesus Kinder so gerne hatte und ihnen das Gottesreich versprach.

Abends mussten die Kinder zu einer bestimmten Zeit pünktlich in ihren Schlafräumen im Bett sein. Ich ging dann gerne in die Schlafräume des Jungenhostels hinein, um ihnen ein frei gesprochenes Abendgebet vorzubeten und den Segen zu geben. Dies war sehr begehrt. Die Kinder liebten es zudem, wenn ich ein paar religiöse Gedanken ihnen mit in den Schlaf mitgab. Da ich aber zu gleicher Zeit nicht in allen Räumen sein konnte, schlug ich vor, dass einer der Jungen das Vorbeten übernehmen könnte und statt des priesterlichen Segens den allgemeinen Segen beten könne: „Es segne uns der allmächtige Gott, der Vater, der Sohn und der Heilige Geist." Das war natürlich ein bisschen viel verlangt. Trotzdem erklärte sich der „Stubenkapitän" eines Schlafraumes mit etwa 25 Jungen dazu bereit. Dieser Peter war als Ältester des Raumes verantwortlich für Ruhe und Ordnung. Er war ein gut aussehender Junge, freundlich und bescheiden. Sein Gesicht und seine tiefen dunklen Augen verrieten, dass irgendetwas Besonderes um ihn sein musste. So fing ich an, ihn ein bisschen zu schulen, wie man zu Gott aus dem Herzen heraus sprechen kann: Dank für den Tag und alles empfangene Gute, wie Essen, Gemeinschaft, Fußball ... Nachdenken, was falsch war und um Verzeihung bitten, für Eltern und Geschwister beten, sich unter den Schutz der Gottesmutter stellen und den Schutzengel nicht vergessen und auch nicht die Verstorbenen der Familie ... Er war ein gelehriger Schüler und betete bald jeden Abend mit seiner Gruppe Jungen, die dann wie selbstverständlich vor ihren Betten auf dem Boden knieten, ein immer wieder anderes, lebendiges Abendgebet, wie es ihm eben einfiel und die Jungen lernten von ihm. Sein Beispiel machte Schule und ging auf die anderen Schlafräume über. Leider musste er noch im gleichen Jahr die Schule verlassen und ich verlor ihn aus den Augen.

Etliche Jahre später erhielt ich einen Anruf. „Mit wem spreche ich?" – „Mit Peter." – „?" – „Na, ich bin doch der Peter" – „Ja, welcher Peter? Ich kenne doch so viele Peter". – „Der von St. Michael, der Vorbeter." Jetzt schaltete ich endlich. „Wie geht es Dir?" – „Father John, ich bin von der Schule geflogen. Mein Vater ist gestorben und meine Mutter ist arbeitslos und konnte das Schulgeld nicht mehr bezahlen. Was soll ich tun?" Ich überwies das nötige Geld direkt an die Schule.

Wieder verging Zeit, wieder verlor ich ihn aus den Augen. Zweimal brachte mich Herzschwäche an den Grabesrand. Ich wurde zurückversetzt nach Deutschland, erhielt aber die Erlaubnis, für 2 Wochen meine früheren Wirkungsstätten in Namibia zu besuchen, ein pausenloses Herumreisen mit viel Wiedersehensfreuden. Am Abend vor meinem Rückflug machte ich noch einen Besuch im neuen Priesterseminar. Ein Seminarist sagte mir, sein Freund wolle mich sehen. Und da stand er auch schon, ein bildhübscher junger Mann und strahlte mich an, – schweigend, fragend, ... ich wusste nichts zu sagen. Schließlich riskierte ich es zu fragen: „Wie ist Dein Name?" – „Ja, kennst Du mich nicht mehr? Ich bin doch der Peter!" Wir fielen uns in die Arme. Ich konnte nicht mehr sprechen. Ja, der Peter! Er hat viel Not gelitten und er hat auch Gutes empfangen, um sie zu überwinden und den Schulabschluss zu bewältigen. Und dann fand er den Weg ins neue Priesterseminar. Er möchte in seinem Leben das Gute, das er empfangen hat, weitergeben an solche, die Not leiden wie einst er und möglichst Vielen weiterhelfen. Er will ihnen Priester werden. Möge er sein wunderbares Ziel erreichen und vielleicht auch noch manch anderen dazu bewegen, wie er einst seine Kameraden zum Beten bewegt hatte.

Könnten wir nicht auch in Deutschland etwas mehr Priester bekommen, wenn wir Jungen zum Vorbeten und anderen Aktivitäten in der Pfarrei anregen würden?

Aber auch mit den Mädchen habe ich wertvolle Erfahrungen gemacht. In St. Michael fiel mir ein Mädchen besonders auf. Sie strahlte innere Tiefe aus. Auch ließ sie sich gerne in kurze Gespräche ein. Dabei teilte sie mir höchst vertraulich mit, sie wolle Schwester werden. Ich nahm dies durchaus ernst und gab ihr einige Ratschläge.

Dieses Mädchen hatte eine Freundin, die mich ebenfalls beeindruckte. Auch sie teilte mir höchst vertraulich mit, dass sie Schwester werden wolle. Aber ich dürfe es ja niemandem sagen. Manche könnten sie auslachen. Ich versprach Verschwiegenheit.

Kurz darauf traf ich wieder die erstere. Es schmerzte sie, dass sie wohl die einzige an der großen Schule mit diesem Berufsziel sei. Ich konnte sie trösten, dass es noch eine andere gibt. „Wer ist es?", wollte sie wissen. – „Das darf ich nicht sagen. – „Aber ich möchte es doch wissen!" – „Ich habe ihr so wie Dir völlige Verschwiegenheit versprochen". Fast verschnupft ging das Mädchen von dannen. Es dauerte nicht lange, da äußerte ihre Freundin das gleiche Problem. Der Ausgang dieses Gesprächs war ebenso enttäuschend für sie.

Die Sache ging mir im Kopf herum. Um dieser unnötigen Qual ein Ende zu bereiten, lud ich beide Freundinnen zusammen zu einem Gespräch ein. Dabei konnte ich so nebenbei zum Thema kommen: „Kennt ihr jemanden an der Schule, der Schwester werden will?" „Niemand will es," kam es fast gleichzeitig. „Doch, es gibt wenigstens zwei. – „Wer ist es?" – „Das darf ich nicht sagen. Ich habe fest versprochen, es für mich zu behalten. Aber wenn ihr wollt, kann ich sie um Erlaubnis bitten". – „Ja, ja!" – „Gut, dann will ich es gleich jetzt tun. Diese beiden sitzen nämlich vor mir." Sie starrten einander an und schon lagen sie sich in den Armen. Dies war die Geburt der ersten Vocation-Gruppe der Mädchen in St. Michael.

Links: Lydia, die gerne Ordensschwester werden will, rechts: Emmanuel, der auch einen geistlichen Weg gehen möchte

Zu zweien fiel es ihnen leichter ihr Geheimnis denen durchsickern zu lassen, die sie für würdig hielten. So wurde aus diesem Zweierbündnis bald eine wirkliche Gruppe von etlichen Mädchen aus ihrer Klasse, und da sie zu den beliebteren gehörten, war keine Gefahr mehr zu Spötteln und Auslachen. Diese Gruppe war stark genug, und es bestand bald die andere Gefahr, dass manche der Gruppe beitreten wollten, die nicht überzeugend waren. Ich überließ es der Gruppe, selber zu bestimmen, wer zu ihr gehören sollte. Wenn immer ich nach St. Michael kam, saß ich mit ihnen zusammen und wir plauderten ungezwungen über das Leben der Schwestern und alles, was dazu gehört. Die fünf Schwestern auf der Station gaben auch einen guten Anschauungsunterricht. Sie waren ja auch glücklich, dass sich Nachfolgerinnen für sie zu melden schienen.

Die Jungen in St. Michael waren in dieser Hinsicht noch schüchterner als die Mädchen. Doch der gleiche Weg führte wiederum zum Ziel. So entstand bald auch eine Jungengruppe mit dem Berufsziel, Bruder oder Priester zu werden. Sie sahen, wie ich selber in meinem Beruf glücklich war.

Allmählich wuchs die Zahl der Gruppen auf zwei mal sieben, da die meisten Klassen zwei Gruppen aufwiesen, nämlich Jungen und Mädchen. Es gab ja auch in jeder Gruppe Verschiedenes zu verinnerlichen.

Bei meinen Besuchen aber lud ich dann jeweils alle Gruppen zusammen ein und wir saßen dann in einem großen Kreis und die Kinder fühlten sich ermutigt, zu einer so großen Gemeinschaft zu gehören. Es war ja fast eine Ehre, in so einer Gruppe sein zu dürfen. Gegnerschaft von außen konnte ich nicht feststellen. Es war ja auch kein Grund dazu da.

Taufabenteuer

Der Abt von Inkamana in Südafrika, mein direkter Vorgesetzter, kam zu Besuch.

Das ist sehr löblich und gab mir weiteren Auftrieb. Jesus sagte ja zu Petrus: „Wenn Du Dich bekehrt hast, dann stärke Deine Brüder." Dazu brauchte Petrus wahrscheinlich keine Mitra. Aber auch mit diesem Autoritätsverstärker tun die darunter Wirkenden gut daran, den Wunsch Jesu ernst zu nehmen. Mein Abt tat es tatsächlich, und so fuhr ich mit ihm durch die Lande, um ihm mein auch nicht kleines Wirkungsfeld zu veranschaulichen.

Wir besuchten natürlich auch St. Michael. Die Rückfahrt führte uns wieder durch das Städtchen Outjo, die unter meiner inoffiziellen Amtsführung derzeit größte Pfarrei.

Wir wollten uns aus Zeitmangel einfach durchschmuggeln. Da rannte plötzlich kurz vor uns ein Mann mitten auf die Straße und ruderte mit beiden Armen heftig durch die Luft, um unsere Weiterfahrt zu unterbrechen. Wir gehorchten. Durchs heruntergekurbelte Fenster erfuhren wir, dass 20 Täuflinge mit ihrer älteren Begleitung angeblich schon seit zwei Stunden in der Kirche warteten. Wir möchten doch sofort kommen. „Aber Du konntest doch nicht wissen, dass wir ausgerechnet jetzt kommen!" wollte ich erfragen. „Wir ahnten es und haben deshalb die Tauffeier so angesetzt." Geheimnisvolles Afrika!

Es blieb nichts anderes übrig, als flexibel zu sein.

Ja, die Kirche auf der „Werft" war voller Leute. Solche Werften haben nichts mit Schiffen zu tun, sondern sind einfach afrikanische Ansiedlungen neben den Vierteln der Weißen, damit deren Dienerschaft in der Nähe wohnen kann.

Die Werft von Outjo ist groß und damit auch eine volkreiche Pfarrei. Gerne hielt ich dort die Sonntagsgottesdienste bei meinen St. Michael-Wochenenden. Für eine spontane Massentaufe aber war ich nicht vorbereitet. Natürlich sollte der Taufritus in Afrikaans stattfinden; denn nur die Gebildeten konnten Englisch. Hier aber war einfaches Volk, wie es sich vor 2000 Jahren um Jesus scharte. Afrikaans gehörte jedoch noch nicht zu meinem Fremdsprachen-Repertoire. Wenn wenigstens Schriftliches vorläge! Ich durchwühlte umsonst alle Schubladen und Nischen. Taufwasser, sowie Chrisam und Katechumenenöl konnte ich zutage fördern.

So schritt ich, literarisch völlig unbewaffnet, zum Altar. Zunächst die Begrüßung. Wort für Wort musste ich aus meinem löcherigen Gedächtnis hervorzerren. Alles blieb ernst, bis auf den Abt in der letzten Bank, der unverschämt zu mir her grinste. Später erfuhr ich, dass sein Afrikaans auch nicht besser gewesen wäre. Da die Riten zur Taufe reichhaltig sind, konnte ich viele weitere Worte einsparen. Symbole erklären ohne Worte. Die Hauptsache war mir geläufig, nämlich das Taufwasser kreuzweise über die Stirn zu gießen mit den dazugehörigen Worten, die die Gültigkeit der Taufe sichern. Die Abschlussriten sprachen wieder für sich selbst. Alles zwanzig Mal hintereinander nahm auch die nötige Zeit in Anspruch, ohne die dieser heilige Vorgang nicht ernst genug genommen worden wäre. ‚Gut Ding braucht Weile', gilt auch in Afrika. So war schließlich auch alles gut und die Menschen waren froh und dankbar und konnten jetzt zuhause weiterfeiern, wozu die durchs Warten geleerten Mägen genügend Platz bieten konnten. Zuvor aber musste noch jeder Täufling samt Pate ins Taufregister eingetragen werden, was ebenfalls nicht so schnell wie erhofft ging; denn wie sollte ich die fremdartigen Namen richtig schreiben, wenn die schreibunkundigen Träger sie selber nicht buchstabieren konnten. Der Abt und ich wollten nun weitereilen. Da kam schweißtriefend ein junger Mann in vornehmer Sonntagskleidung angerannt. „Ich komme zur Taufe!" keuchte er. „Die ist vorbei. Du bist zu spät dran." – Der Mann brach in Tränen aus und weinte hemmungslos. Ich glaube, ich konnte ein paar Tränen auch selber nicht unterdrücken. Er war erst getröstet, als ich ihm zusagte, für ihn nochmals mit der Taufe zu beginnen. Es blieb mir schon gar nichts anderes übrig, als mich seiner zu erbarmen. Er hatte einen stundenlangen Fußmarsch hinter sich und besaß natürlich keine Uhr. Aber wie hat er überhaupt von seiner großen Möglichkeit erfahren? Wiederum, geheimnisvolles Afrika.

Diesmal aber konnte die Taufe in Englisch erteilt werden; denn dessen war er mächtig. Es musste schnell noch ein Pate gefunden werden. Das wäre nur in Deutschland ein Problem gewesen.

Diesmal konnte ich die frei gesprochene Taufe mit den dazu nötigen Erklärungen geben und der neue Sohn Gottes begann, immer mehr zu strahlen. Mit Recht. Der Wert der Taufe wird in Afrika mehr gefühlt als verstanden. Welches Kind in Deutschland aber weint, wenn es nicht getauft ist? Es wäre sonst ein Meer von Tränen.

Mein ganz gewöhnliches kleines Auto war weithin bekannt. So kam es bei den adleräugigen Afrikanern immer wieder vor, dass ich selbst auf der Landstraße in vollem Schwung angehalten wurde. „Pater, ich möchte beichten". „Also komm rein!" Ich fuhr weiter, während mein geistlicher Beifahrer seine Sünden herausspie. Die Lossprechung machte ihn wieder frei und unbeschwert. „Als Buße läufst Du nun den Weg zurück, den Deine Sünden hervorgerufen haben." – „No Problem! Amen."

Dicke Brocken

Schwieriger als physische Attacken waren Angriffe mittels Missbrauchs von Bankregulierungen oder Justiz.

Wieder einmal in der Bank, wurde ich auffällig langatmig bedient. Immer wieder wurde die Erledigung meiner Wünsche unterbrochen. Da dies nichts Besonderes war, zeigte ich mich geduldig. Es dauerte nicht allzu lange, da kamen zwei Herren von der Kriminalpolizei und nahmen mich in Gewahrsam. Ich wurde sofort zu einer Vernehmung ins Hauptquartier gebracht. Als Anschuldigung lag vor: Diebstahl und Scheckbetrug, worauf mindestens zwei Jahre Gefängnis stünden. Anscheinend war ich bereits schuldig gesprochen.

Ich hatte keine Ahnung, was vorgefallen war. So wurde mir erklärt, was ich getan haben sollte: Ich hätte einen Scheck in beträchtlicher Höhe auf meinen Namen in einer Filiale derselben Bank eingereicht. Die Nachprüfung ergab, dass der Scheck nicht gedeckt war und zudem war er gestohlen, d.h. aus einem Scheckbuch einer mir unbekannten Firma entfernt.

Offenbar hatte jemand versucht, mich in Schwierigkeiten zu bringen, vielleicht sogar zu erpressen. Dass dies so einfach geht und damit eigentlich jedem passieren kann, war mir neu.

Ganz einfach: Beschaff Dir einen Scheck aus einem fremden Scheckbuch und das Bankkonto des betreffenden Opfers, stelle ihn auf dasselbe aus und reiche ihn „in seinem Auftrag" ein. Der Ausweis ist versehentlich „vergessen". In kleinen Filialen scheint dies möglich zu sein.

Es kam zu stundenlangen Verhören, und ich fürchtete, in Untersuchungshaft genommen zu werden. Doch gegen Abend zu siegte die Vernunft, und ich konnte wieder gehen, zumal in meiner Situation Fluchtgefahr auszuschließen war.

Was aber war die Motivation des eigentlichen Täters? Ich habe nie davon erfahren, zumal ich ihn nie zu Gesicht bekam. Vermutlich wurde das Verfahren eingestellt, da niemand zu Schaden gekommen war.

Noch Schlimmeres wartete auf mich. In Omaruru auf der Rückfahrt von Besorgungen in der Stadt und schon nahe vor Waldfrieden wurde ich plötzlich von einem Polizeiauto überholt und gestoppt. Wiederum wurde ich für verhaftet erklärt und musste mit zur Polizeistation zurückfolgen. Ich hatte zwar gute Beziehungen zur dortigen Polizei und wurde deshalb vom freundlichen Polizeichef persönlich bedient, aber dieser Fall war doch allen beiden Seiten peinlich genug.

Es lag eine Anklage aus Windhoek gegen mich vor. Der Eigentümer eines Sicherheitsunternehmens beschuldigte mich, durch mich eine hohe Geldsumme verloren zu haben. Dabei hatte ich nie mit diesem Betrieb auch nur das Geringste zu tun. Die Schadsumme war so hoch, im sechsstelligen Bereich, dass ein gewöhnliches Gericht nicht dafür in Frage kam. Es war ein Fall für den High Court. Der aber konnte wegen Überlastung meinen Fall erst in etwa 4 Monaten verhandeln. Solange sollte ich in Haft bleiben oder umgehend die Schadsumme „zurückerstatten". Damit war mir sofort klar, um was es sich handelte: Erpressung. Der Kläger rechnete sich aus, dass ich, um der Haft zu entgehen, zu zahlen bereit sei. Damit hätte ich auch meine Schuld eingestanden, und das Geld, über das ich ohnedies gar nicht verfügte, wäre verloren gewesen. Vielleicht hatte der Kläger früher schon solche Geschäfte gemacht und gewonnen.

Vier Monate Haft! Ich hatte Wichtigeres zu tun. Stunde um Stunde wurde ich in der Polizeistation festgehalten. Eine Frau mit guten Verbindungen in Windhoek erfuhr von meiner Lage, erkundigte sich bei mir, was vorgefallen war und war von meiner Unschuld überzeugt. Sie war persönlich mit einem Richter am High Court bekannt. Dieser wusste einen Weg, noch am gleichen Tag ein Notverfahren zu beantragen und durchzusetzen. Es sollte nach Geschäftsschluss stattfinden. Mit einem Polizeiauto wurde ich in drei Stunden nach Windhoek gefahren, um vor 20 Uhr pünktlich da zu sein. Tatsächlich war alles für die Verhandlung vorbereitet. Es wurde mit aller Akribie vorgegangen. Die Anklage brach bald jämmerlich zusammen. Gegen mich lagen keinerlei Beweise vor.

Hinterher erfuhr ich die Zusammenhänge. Der Kläger war tatsächlich von jemand anderem betrogen worden, von dem er wusste, dass er mich kannte. Da bei ihm aber nichts mehr zu holen war, versuchte er sein Glück bei mir. Was wäre gewesen, wenn die gute Frau mich nicht herausgehauen hätte, wenn der Richter nicht gewollt oder gekonnt hätte? Nicht auszudenken.

Der Kläger hat sehr logisch gedacht: Die eingeklagte Summe musste der Zuständigkeit des High Court entsprechen. Dass für solche Fälle lange Wartezeiten nötig sind, war dem Übeltäter bekannt. Somit war ich festgenagelt. Er wusste auch, dass ich mir eine Haft nicht leisten konnte und deshalb alles versuchen würde, das erforderte Geld aufzutreiben, falls ich nicht selber darüber verfügte.

Es hätte beinahe geklappt. Ich wunderte mich nur, wie leicht sich die Justiz zur Mithilfe an einem Verbrechen instrumentalisieren ließ, und wie schnell man, ohne es ahnen zu können, plötzlich in hohe Kriminalität verstrickt werden kann. Dem Täter konnte nicht beigekommen werden. Er gab vor, dass es halt nur eine Verwechslung war. Schließlich war er ja der Betreiber und Besitzer eines Sicherheitsunternehmens.

Otjikondo

In St. Michael war immer wieder von Otjikondo die Rede. Ich solle unbedingt einmal dorthin gehen, obwohl dort keine Schwestern waren. Schließlich machte ich mich auf den Katzensprung von etwa 30 Kilometern, um zu sehen, was es mit dieser Einrichtung auf sich habe.

Der Ort war gar nicht schwer zu finden. Nach etwa 30 km auf der Hauptstraße weiter nach Westen, Kamanjab zu, erschien auf der linken Straßenseite ein deutlicher Wegweiser „Deutsche Schuldorfstiftung Otjikondo" und kurz dahinter eine Reihe respektabler Bauten, die neueren Datums sein mussten.

Ich wurde freundlich von Herrn Rainer Stommel, dem Eigentümer und Betreiber der Einrichtung begrüßt, einem Deutschen mittleren Alters. Er war sofort bereit, mir sein Otjikondo zu zeigen und zu erklären. Was ich da sah und erfuhr, war für mich umwerfend.

Unterwegs begegneten wir immer wieder Kindern, die uns freudig begrüßten. Es war offensichtlich gerade Vormittagspause der Schule. Die Kinder machten einen sehr gepflegten, freundlichen und höflichen Eindruck. Und sie begrüßten mich auf Deutsch, ja, fließendes und akzentfreies Deutsch. Nur ein bisschen Berlinerisch drang durch. Wie ist das möglich?

Dazu muss ich etwas weiter ausholen: Vor etwa zwei Jahrzehnte wurde ein Bruder des Oblatenordens, Rainer Stommel, nach Namibia ausgesandt. Er erhielt, entsprechend seiner beruflichen Ausbildung, die Aufgabe, erforderliche bauliche Tätigkeiten in den Missionen Namibias auszuführen. Dies führte ihn auch nach St. Michael, das sich damals in einem kümmerlichen Zustand befand.

Bruder Stommel erneuerte und ergänzte die ganze Mission, erweiterte die Schulräume und brachte sie auf ein Fassungsvermögen von insgesamt 400 Kindern. Er vergrößerte die Hostels und baute eine sehr schöne Kirche für die Kinder. Schwestern und Personal waren natürlich ebenfalls dabei bedacht. Da die Mission entfernt von jeglicher anderen Behausung lag, gab es keine Nachbarn und somit auch keine weiteren Kirchenbesucher.

Im Laufe seiner Tätigkeit, die nicht immer richtig verstanden wurde, gab es Spannungen zwischen Bruder Stommel und seiner Ordensobrigkeit. Bruder Stommel wollte sich nicht Anordnungen beugen, die er für unrichtig erachtete, und schließlich verließ er verbittert den Orden.

Nun war er allein auf sich gestellt, hatte nicht einmal das Geld, nach Deutschland zu fliegen.

Er fristete sein Leben dahin, wobei ihm seine umfangreichen Kenntnisse zu Hilfe kamen. Schließlich lernte er eine Engländerin kennen. Beide verstanden sich und schlossen schließlich die Ehe. Die Frau hatte etwas Geld, so dass sie eine Farm pachten konnten. Erfolgreiches Wirtschaften ermöglichte den Erwerb dieser Farm, und im Laufe der Jahre kamen weitere Anwesen mit Gelände dazu, und so wurde die mit mehreren Kindern gesegnete Familie wohlhabend.

Das Jahr 1990 brachte eine neue missionarische Aufgabe an die Familie heran. In Berlin feierte man die deutsche Einheit. Die kommunistischen Strukturen wurden in freiheitlich demokratische Formen umgewandelt. Konfisziertes Eigentum wurde zurückgegeben. Darunter fiel auch ausländisches Eigentum. Und da waren viele Kinder, schwarze Kinder, ohne Eltern und heimatliche Bindungen. Auch viele namibische Kinder gehörten dazu. Was hatten sie in Ostberlin verloren?

Als Namibia, vor 1990 noch südafrikanisches Mandatsgebiet, sich die Freiheit erkämpfen wollte, geschahen schreckliche Verbrechen. Unter kommunistischem Vorzeichen erhielten die Rebellen Hilfe aus dem Ostblock. Bezahlt werden sollte dies unter anderem mit Kindern.

Sie sollten in Ostberlin zu künftigen kommunistischen Agenten und Funktionären ausgebildet werden. So wurde z.B. eines Nachts eine Missionsstation im Owamboland, an der Grenze des kommunistischen Angolas, überfallen und alle Kinder des weitbekannten Canisianum-Gymnasiums ins kommunistische Angola entführt. Diese Kinder bildeten natürlich eine willkommene Begabungsauslese für ihre künftigen Sklavenhalter in Ostberlin.

Es wurden aber auch Babies und Kleinkinder aus den Dörfern gestohlen oder mit Gewalt geraubt. Alle diese Kinder, die später ein kommunistisches Namibia aufbauen sollten, kamen nach Kuba, Ostberlin und Moskau. Nach der Wende 1990 wurden diese Kinder als „ausländisches Eigentum" einfach nach Namibia zurückgeschickt. Die Älteren unter ihnen konnten ihre Familien wieder finden. Die Jüngsten aber waren völlig entwurzelt. Man suchte nach Möglichkeiten, ihnen eine Heimstätte zu geben mit Schulbildung und Erlernen ihrer Heimatsprache; denn sie konnten nur Deutsch.

Herr Stommel, innerlich immer noch Bruder und Missionar, dazu Deutscher, sah eine Sendung. Er kaufte eine einsame, nicht mehr benützte Polizeistation mit angeschlossenem Postamt, an der Hauptstraße gelegen. Er kannte diese Gebäude noch von seiner Tätigkeit in St. Michael her. Hier konnte er nun eine Reihe dieser Kinder unterbringen. Schnell aber baute er Schulgebäude und Unterkünfte, wobei auch die Hanns-Seidel-Stiftung hilfreich war.

Rasch entwickelte sich die „Deutsche Schuldorf Stiftung", die bis zu 180 entwurzelten Kindern eine neue Heimat in ihrem Herkunftsland bieten konnte. Dies alles geschah innerhalb weniger Jahre.

Was Herr Stommel mir nun zeigte, war das bei weitem schönste Schulheim, das ich in Afrika je zu sehen bekam.

Darin lebten die Kinder wie in einer großen Familie: Herr Stommel als Vater, seine Frau als Mutter und all die Kinder als Geschwister. Die Schule war bereits voll ausgebaut, und vieles andere befand sich in Planung.

Herr Stommel lud mich ein, den Kindern Gottesdienst zu halten. Ich tat es gerne. Es berührte mich zutiefst, wie die Kinder trotz atheistischer Erziehung sich am Gottesdienst innerlich beteiligt zeigten. Warum sollten sie nur einmal im Monat die Hl. Messe durch Pater Geiger haben und das nicht immer? Ich nahm mir vor, öfters zu kommen. Künftig gehörten regelmäßig beide Plätze, St. Michael und Otjikondo, zusammen zu je einem Wochenendbesuch. Freundschaft entwickelte sich. Ich gehörte einfach mit zur Großfamilie Stommel.

Auch als keine „herrenlosen" Kinder mehr aus Deutschland eintrafen, wurde trotzdem jedes Jahr eine neue Klasse aufgenommen. Der Bedarf aus der ganzen nahen und weiteren Umgebung war groß. Nach je sieben Jahren waren die Kinder reif für den Übertritt an eine weiterführende Schule. Die „Stommels" sorgten für gute Unterbringung in eine passende Schule, und nach erfolgreichem Abschluss wurde für manches Kind eine gute Stelle in Deutschland besorgt, da es an Sprachkenntnis ja nicht fehlte. So gibt es in einer süddeutschen Brauerei einen afrikanischen Braumeister aus Otjikondo.

Eines Abends, als wir vor Stommels Wohnhaus die kühlere Abendluft feierten, schnellte Herr Stommel plötzlich hoch und pirschte zur Wohnungstür. „Im Wohnzimmer ist eine Speikobra," kam es fast flüsternd an unsere Ohren. Schnell die Türe zu. Jeder von uns wurde mit einem passenden Gegenstand als Waffe ausgerüstet, und wir tasteten uns ins Haus hinein, um es zurückzuerobern. Dass eine ausgewachsene Speikobra bis zu 2 Metern Länge und Armesdicke erreicht, war uns bekannt. Als Schoßtierchen ist diese Kreatur also nicht geeignet, zumal die Schlange bis zu 2 Meter weit zielsicher in die Augen spucken kann, die dann erblinden, wenn man nicht sofort Milch zur Spülung bei der Hand hat. Mit angemessener Vorsicht und unterdrückter Angst fingen wir an, vorsichtig Zimmer um Zimmer zu durchsuchen. Die Schlange aber war verschwunden. Entwichen konnte sie nicht sein. Aber wo hat sie ihr Versteck gefunden? Es war nicht zu klären. Schließlich, nach langem Durchforschen aller Winkel und Versteckmöglichkeiten, mussten wir aufgeben und zu Bett gehen. Ich durchsuchte in meinem Zimmer noch die Matratzen des Bettes und die Bettfedern, – vergeblich. So schloss ich die Tür ab und versuchte zu schlafen, was kaum gelang. Die Vorstellung, dass da plötzlich dieses Ungetüm die Wärme bei mir sucht und ins Bett kriecht, verfolgte mich bis zum Morgen. Das Vorkommnis blieb ungeklärt bis zum heutigen Tag. „Klug wie die Schlangen" sollen wir sein, steht schon im Evangelium.

Die Stommels wollten mich, meines Alters eingedenk, als ständigen Seelsorger im Ruhestand behalten. Es wurde sogar für mich gegenüber der vielleicht eindrucksvollsten Kirche Namibias ein kleines Pfarrhaus errichtet. Zu gerne hätte ich dieses Angebot angenommen. Aber ich musste mich an die Nachfolge Jesu halten, der sicher auch gerne in Kapharnaum geblieben wäre, das Er als „Seine Stadt" bezeichnete und den die Einwohner nicht mehr herausgeben wollten.

Er sagte: „Ich muss auch an die anderen Orte gehen ...". Das war auch mir Befehl. So blieb ich weiterhin ein Wandervogel, kehrte aber bei jeder möglichen Gelegenheit in Otjikondo ein.

Von Kindern lernen

Aus St. Michael erreichte mich eine Unglücksbotschaft. Pater Geiger war plötzlich zusammengebrochen. Kein Wunder bei seinem riesigen Einsatz. Nun war kein Priester mehr vor Ort. Der nächste war wenigstens hundert Kilometer entfernt und auch überlastet.

An eine rasche Genesung sei nicht zu denken, und selbst wenn, würde er nicht mehr zurückkommen können.

Bischof und Generalvikar in Windhoek wussten keine Lösung. Man erwog, die Missionsstation St. Michael einfach stillzulegen und damit die Riesenpfarrei Outjo ebenfalls. Ist es mit uns nun auch schon so weit gekommen wie in Berlin und anderen Orten im Norden Deutschlands, wo man begonnen hat, Kirchen zu verkaufen?

Ich versuchte in meinem Besuchsprogramm der Schwestern im ganzen Norden Namibias umher mehr Zeit für St. Michael zu erübrigen. Es gelang öfters als nur einmal im Monat zu kommen und dann bereits am Freitagabend. So konnte ich am Samstag vormittags die Kinder zufrieden stellen, und nachmittags ging es auf eine der etlichen Außenstationen

Die Kirche Heilig Kreuz in Otjikondo, erbaut von Rainer Stommel

bereits zum Sonntagsgottesdienst. Der Sonntag selber musste dann herhalten für drei Gottesdienste in nahe zusammen liegenden Außenstationen und dann noch eine Abendmesse, zu der eine längere Anfahrt erforderlich war. Nach so einem Wochenende war mit ca. 500 Kilometern nicht nur der Benzintank leer gefahren, sondern ich fühlte mich selber ein bisschen ausgelaugt. Oft saß ich länger hinter dem Steuer, als dass ich am Altar stand. Aber der Hauptzweck, dass St. Michael vorerst erhalten bleibt, war alle Opfer wert. Es blieb auch weiterhin erhalten und ist es auch heute noch.

Bei diesem Zeitaufwand trat aber ein zusätzliches Problem auf. Ich fand fast keine Zeit mehr für die vielen Kinder, die sich auf die Beichte freuten, um ihre in Kinderaugen riesigen Sündenbrocken loszuwerden. Ich musste dieses Verlangen ernst nehmen und hätte so stundenlang im Beichtstuhl sitzen müssen. Dieses Problem zu lösen, schien mir unmöglich. Da bekam ich die Lösung des Problems von den Kindern selbst vorgeführt.

Ehemalige Berliner Jungs, jetzt Schüler in Otjikondo, springen in einen Wassertank für die Viehtränke

Ich war wieder einmal in Otjikondo, jedoch nicht übers Wochenende, wo jede Stunde zählte, sondern auf einer Extratour werktags. Otjikondo hatte damals noch nicht die erst geplante große Kirche. In Ermangelung eines Beichtstuhls saß ich auf der obersten Stufe der Treppe ins Schulhaus. Die beichtwilligen Kinder, bis zu fünfzig oder gar mehr, standen oder saßen in gemessenem Abstand auf dem Boden. Das Warten ist nur für uns Europäer ein Problem. Die Letzten der Kinder mussten mit zwei Stunden rechnen.

So kam ein Kind nach dem andern, setzte sich neben mich und die seelische Reinigungsaktion konnte stattfinden.

Ein etwa zwölfjähriger Junge fragte mich noch vor Beginn: „Kann mein Freund auch zur Beichte kommen?" – „Klar. Warum nicht?" – „Der hat ja noch nie gebeichtet." – „Dann erklärst Du es ihm und dann kann er das nächste Mal kommen." – „Aber er möchte ja jetzt beichten." – Um diese scheinbare Unmöglichkeit begreifbar zu machen und den Ball zurückzugeben, antwortete ich: „Das geht höchstens, wenn Du ihn bei Deiner Beichte zuhören lässt". Ich war mir der Ablehnung sicher und glaubte, das Problem elegant gelöst zu haben. Aber da war der Bub schon weg, und in Sekundenschnelle wieder zurück mit seinem Freund, der um die Ecke schon gelauert hatte. ‚Auweh! Was hab ich mir da eingebrockt!' Aber jetzt gab es kein Zurück mehr, ohne Vertrauen und Gesicht zu verlieren. Ich hieß die beiden auf die Stufe unter mir knien mit der Belehrung: „Knien tun wir nur vor Gott und Jesus ist jetzt ja anwesend. Also fang an." Der kleine Missionar begann treuherzig sein Herz auszuschütten und der Freund ließ ihn vor Aufmerksamkeit nicht aus den Augen. „Jetzt bist Du dran!" beendete er sein Bekenntnis. Der Freund erstaunte mich. Er plapperte nicht nur nach, was er gerade gehört hatte, sondern schien sich gut vorbereitet zu haben. – Und dann war ich dran. „Jetzt bitten wir Jesus ganz herzlich um Verzeihung." – Stille. – „Und jetzt sagte Ihr Ihm, dass es Euch Leid tut und Ihr es künftig besser machen wollt." Wieder fast hörbare eindrucksvolle Stille. Zu weiterem Zuspruch fehlte die Zeit. „Nun müsst Ihr mir versprechen, dass Ihr nichts weitersagt, was Ihr vom andern gehört habt. Und zur Buße betet Ihr füreinander ganz aufmerksam ein Vaterunser." Schon wollten sie anfangen. „Das macht Ihr jetzt abseits." Dann legte ich meine Hände gleichzeitig auf beide Wuschelköpfe und sprach die befreienden Vergebungsworte Jesu. Und weg waren sie. Ich atmete auf, dass das Problem so gnädig vorübergegangen war. Doch das war erst der Anfang meiner Belehrung. Sofort kamen zwei Mädchen zur Beichttreppe: „Wir wollen auch zusammen beichten!" Kann ich den Mädchen versagen, was ich den Jungen gewährte? Mir blieb keine Wahl. Auch dies ging gut.

Nun ging es so weiter, immer zwei und zwei. Ich ahnte allmählich einen Zeitvorteil.

Da kamen drei Jungen. Geht das nicht zu weit? Wo aber eine Grenze ziehen? Ich musste sie schließlich ziehen, – bei fünf. Aber sie alle hintereinander anzuhören, das war nicht ideal.

Schnell suchte ich einen anderen legitimen Weg: Ich deutete auf einen der Büßenden: „Sag nun eine Deiner Sünden." Es klappte. „Wer die gleiche Sünde zu beichten hat, Hand hoch." Auch das klappte. „Wer hat eine andere Sünde?" Sie wurde schnell geliefert, – „und wer hat die gleiche?" Schließlich waren alle fünf dran gewesen. „Wer hat noch was zuzufügen?" Es entwickelte sich ein eigenartiger Eifer. „Jetzt reicht es", beschied ich. „Alle sonstigen Sünden packen wir privat mit dazu. Wer noch was Dickeres hat, wie z.B. Diebstahl, was er mir aber nur allein sagen möchte, das kann er mir nachher ins Ohr flüstern."

Nun hatte ich sogar noch etwas Zeit zu einem ordentlichen Zuspruch für alle fünf, und dann: „Köpfe her!" – und ich breitete meine Arme darüber und betete, dass Gott die kleinen Sünder zu Engeln auf Erden machen möge.

Diese Methode ermöglichte mir, in einer Stunde 50 Kinder zu verwandeln. Und wie sie sich nachher freuten! Es zeigte mir, dass dies ein gültiger Weg in Zeitnot war. Aber es war immer noch nicht die Lösung des vollen Problems.

Zwischen dem Schwesterndienst am Morgen und dem nächsten irgendwo anders am Abend hatte ich genug Zeit, die vielen Internatsschulen im Lande verstreut zu besuchen. Schulbildung auf dem Land war nur in solchen großen Internaten möglich. Die Schulleiter begrüßten es meist, wenn ein Geistlicher zu den Schülern sprach und ihnen somit manches Problem abnahm. Aber da war immer noch das große Anliegen der intensiven Nachfrage nach Sündenfreiheit. Da reichte auch die Gruppenbeichte von Fünfen nicht aus, wenn Hunderte Sündenfreisprechung erstrebten.

Ich erinnerte mich, dass in den vergangenen Weltkriegen, besonders im ersten, vor verlustreichen Schlachten die Feldpriester grundsätzlich die Vollmacht hatten, den versammelten Soldaten die Generalabsolution zu erteilen, die genauso sakramentale Gültigkeit hat wie die Einzelbeichte. Der einzige Grund für diese Ausnahme war, dass stets die Zeit zur Einzelbeichte nicht vorhanden war. Das Gleiche war hier der Fall wegen des großen Mangels an Priestern. So machte ich, wieder zuerst in Otjikondo, den ersten Versuch mit einer ganzen Klasse. Alle, die wollten, wurden zur Freizeit in ihren Klassenraum eingeladen.

Jetzt war genügend Zeit, die Jugendlichen gemeinsam vorzubereiten, immer wieder etwas über das Bußsakrament zu erläutern und Reue und Vorsatz zu erwecken. Dann die Frage: "Wer will zuerst eine seiner Sünden bekennen?" Da war nie Mangel. „Und wer bekennt sich noch dazu?" Etliche Hände gingen hoch. Alle wichtigen Bereiche des Jugendlebens konnten so berührt und bereinigt werden. Dann breitete ich die Hände aus und sprach die Lossprechung über alle. Dann beteten wir gemeinsam Bußgebete und endeten mit einem Lied diese Bußandacht mit wirklicher Spendung des Bußsakraments. Diese Art der Sakramentenspendung wurde überall angenommen, wo ich sie anbot. Auch ich war über diese Lösung froh. Es war nämlich nur selten möglich, dass ich bei meinen kurzen Schulbesuchen die Hl. Messe in einem Klassenzimmer oder einer Halle feiern konnte. Das Sakrament der Versöhnung war somit die einzige Möglichkeit, den Kindern und Jugendlichen etwas ganz Substanzielles und Geistliches zukommen zu lassen. Dazu begriffen sie auch, dass es sich dabei nicht nur um die Sündennachlassung handelte, sondern ähnlich der Heiligen Eucharistie eine Christusbegegnung innigster Art vermittelt. Die Dankbarkeit war jeweils groß. Und wenn sich mancher Nichtkatholik dazugesellt haben sollte, dann hat ihn Jesus sicher nicht zurückgewiesen.

Katholisch, evangelisch und was noch?

Die vielfältige Konfessionsverschiedenheit in Namibia hat mich immer wieder gestört. Ursprünglich hatte jeder kleine Stamm seine eigenen religiösen Vorstellungen. Religiös auf ihre Art waren sie fast alle. Atheismus ist auch noch heute dort unpopulär und wird als dumm betrachtet.

Dann kamen die deutschen Kolonialtruppen. Ihr Oberbefehlshaber, Kaiser Wilhelm persönlich, wollte die religiöse Zerspaltenheit seines Reiches nicht in die neue Kolonie Namibia einführen. Es sollte nach seiner Vorstellung nur seine evangelische Kirche vorhanden sein. Katholische Missionare erhielten keine Einreise. Jegliche Art katholischer Mission war verboten. Viele evangelische Missionare besetzten daher alle Ballungsräume der Bevölkerung.

Doch bald gab es ein Problem. In der deutschen Schutztruppe waren auch Katholiken. Sie hatten Anspruch auf einen Militärpfarrer. Nach anfänglichem Zögern wurden sogar zwei abgeordnet. Sie wurden in einer ganz abgelegenen Garnison eingesetzt. Zuvor wurde ihnen streng verboten, mit der einheimischen Bevölkerung Kontakt aufzunehmen oder sogar zu missionieren. Doch sie standen heimlich auf dem Standpunkt der hl. Schrift: Man muss Gott mehr gehorchen als sogar dem Kaiser. So entstand illegal und kaum entdeckt die erste katholische Missionsstation weit im Hinterland nach Botswana zu. Damit war eine Bresche geschlagen.

Das kaiserliche Katholikenverbot war mit der Besetzung Deutsch Süd-West Afrikas durch die Südafrikanischen Truppen im ersten Weltkrieg ohnedies bald entkräftet, und nun konnten auch katholische Missionare ungehindert ins Land kommen. Die größeren Ortschaften Namibias waren durch den zeitlichen Vorsprung evangelischer Missionare längst besetzt, und wo schon ein evangelischer Missionar war, sollte kein katholischer Konkurrenz machen. Aber die katholischen Missionare waren auch mit den ländlichen Gebieten zufrieden, und im Laufe der Zeit hat sich weitgehend ein Gleichgewicht eingestellt. Die Tragödie der Glaubensspaltung war somit zementiert, aber auch ein gewisser Burgfriede gesichert.

Heute scheint religiöse Unwissenheit oder Gleichgültigkeit die Gräben der Glaubenstrennung allmählich auszugleichen.

So hatte ich folgendes Erlebnis: Ich fuhr in einer fast menschenleeren Gegend einer Stadt mit einer großen Höheren Schule entgegen. Da gingen fünf Jungen auf der verstaubten Straße dahin. Ich hielt an und sie durften einsteigen, weil sie das gleiche Ziel wie ich hatten, nämlich diese Schule. Natürlich entwickelte sich sofort ein Gespräch über Mission, Glaube und Traditionen. Drei der Jungen erklärten sich als evangelisch und zwei waren katholisch. Da fragte ich sie: „Wer von Euch kann mir den Unterschied zwischen katholisch und evangelisch erklären?" – Die Antwort war natürlich Schweigen. Ich bestand aber auf einer Antwort. „Ihr müsst doch wissen, warum Ihr katholisch oder evangelisch seid?"

Wiederum verlegenes Schweigen. Da meldete sich einer: „Ich weiß es, – bei den Evangelischen kostet die Taufe 70 Dollar und bei den Katholiken nur 5." Die Antwort ist viel gescheiter, als sie erscheint.

In ähnlicher Situation nahm ich im weitläufigen Owamboland ein Mädchen mit. Sie offenbarte sich als Abiturientin der nächsten Schule, der sie entgegenstrebte. Als sie erfragt hatte, dass ich katholischer Missionar bin, sagte sie, sie sei zwar evangelisch, ginge aber meist in den katholischen Gottesdienst.

Natürlich wollte ich den Grund wissen. Sie erklärte: „Beim katholischen Gottesdienst gibt es den Friedensgruß und alle Teilnehmer wünschen sich gegenseitig den Frieden. Beim evangelischen Gottesdienst gäbe es dies nicht. Ich wünsche so gerne allen Menschen den Frieden und freu mich, wenn mir von vielen der Frieden gewünscht wird." – Da können sogar wir Katholiken davon lernen.

Zum weitläufigen Pfarrgebiet von St. Michael gehörte auch die Etoscha-Pfanne.

Sind die Tiere katholisch oder evangelisch? Sinnlose Frage.

Aber die dort arbeitenden Menschen sind im Glauben zerspalten. Der südliche Zugang zu diesem Naturschutzgebiet und Nationalpark in der Größe Bayerns weist auch 25 Katholiken auf, zumeist Tierwarte, Hotelangestellte oder auch Hilfsarbeiter, die dort eine kleine Ortschaft bilden, Okankuejo genannt. Ich wollte auch für sie einst einen Gottesdienst halten.

Ich kündigte mein Kommen an und stieß auf ein frohes Willkommen.

Zur vereinbarten Zeit war ich dort und wunderte mich, dass nicht nur 25, sondern weit mehr Personen auf den Gottesdienst warteten und den größten vorhandenen Versammlungssaal füllten.

Sie verfügten über einen wunderbaren Chor und die heilige Handlung hat offensichtlich die Herzen berührt.

Nach dem Gottesdienst fragte ich, woher diese vielen Menschen gekommen sind.

Die Antwort: Wir sind alle von hier, nicht nur katholisch, sondern auch evangelisch. Wir hatten schon lange keinen Gottesdienst mehr, darum sind wir alle gekommen.

Ich antwortete, dass dieser gemeinsame Gottesdienst dem Herrgott sicher sehr gefallen hat und riet den wenigen katholischen Teilnehmern, doch auch zum Gottesdienst zu kommen, wenn der evangelische Pastor das nächste Mal kommen wird, und sie versprachen es.

Wieder einmal hatte ich übers Wochenende eine Gruppe von Abiturienten in Waldfrieden zu einem Einkehrtag. Es waren am Priestertum Interessierte. Allmählich merkte ich, dass einer darunter evangelisch war. Er aber behauptete, dass er schon seit Jahren katholisch sei. „Aber deine ganze Familie ist doch offensichtlich evangelisch" – meinte ich dazwischen. „Ja, schon," kam es mühsam, „aber ich bin einfach katholisch, weil ich immer in die katholische Kirche gehe. Nur in der katholischen Kirche kann ich Priester werden."

So einfach ist dies bei diesen schlichten afrikanischen Gemütern, die mit der importierten Glaubensspaltung nicht viel anfangen können. In Europa nennen wir dies Wischi-Waschi, aber sind die Afrikaner in der Ökumene uns nicht weit voraus? Sie können uns erklären, wie unsinnig die Glaubensspaltung ist. Und wenn die Geistlichen beider Konfessionen ihre Standpunkte nicht deutlich machten, gäbe es wohl kaum einen Unterschied mehr.

Würden wir Jesus fragen, wer Ihm lieber ist, ein katholischer oder ein evangelischer Christ, so würde Er sicher antworten, jener, der mich am meisten liebt.

Der Tod lässt grüßen

An einem Samstag sollte in St. Michael Erstkommunionfeier vieler Kinder sein. Ich hatte sie sorgfältig vorbereitet. Doch war am gleichen Morgen auch eine hl. Messe im Krankenhaus in Windhoek angesetzt.

Nach dieser Frühmesse, etwa um 7 Uhr, wollte ich sofort losfahren, um noch rechtzeitig um 11 Uhr zur Erstkommunion anzukommen. Bei 400 km Entfernung war dies zu machen. Doch war ich die ganze Nacht vorher schon unterwegs gewesen. Dabei musste ich mich mehrmals erbrechen, obwohl ich nichts im Magen hatte, und bei jedem Atemzug hatte ich das Gefühl, als ob die Rippen in die Lunge stachen.

Nach der Hl. Messe sollte ich sofort nach St. Michael aufbrechen. Etwa 60 Kinder hatte ich dort auf die Erstkommunion vorbereitet. Doch die Schwestern wollten mich nicht weg lassen. Sie hätten befürchtet, dass ich am Altar schon zusammenbrechen würde. Meine Begründung mit der Erstkommunionfeier zählte nicht. Doch ich wollte um jeden Preis dorthin. Die Schwestern mauerten den Ausgang und ließen mich einfach nicht durch. Ich suchte zu verhandeln, aber nichts half. Schließlich sollte es dem Urteil des erwarteten Chefarztes überlassen werden. Er kam auch alsbald, ließ röntgen und diagnostizierte Lungenentzündung. Ich kam in die Intensivstation. Die Erstkommunion musste abgesagt werden, was mir sehr schlimm war. Infusionen wurden mir angelegt. Jetzt spürte auch ich allmählich, dass was nicht stimmte. Ereilt mich das Gleiche wie Pater Geiger? Habe ich mich ebenfalls zu sehr geschunden? Die Symptome wurden ernster. Das EKG verursachte den Ärzten Nervosität.

Meinen Puls konnte ich kaum mehr fühlen. Ich musste bewusst atmen, um nicht einfach aufzuhören. Man wusste einen Herzspezialisten in Windhoek aus dem Groote Schuur Hospital in Kapstadt, wo Barnard einst die erste Herztransplantation durchgeführt hatte. Er kam rasch, machte seine Untersuchung und kam zu dem Ergebnis, das ich nicht hätte mithören sollen: „Zu spät, – nichts mehr zu machen, aussichtsloser Fall, dieses Herz ist wie ein Putzlumpen. It is a lost case!"

Nun spürte ich auch den starken Drang, aus dem Bett zu steigen. Ich hatte dies bei Sterbenden schon beobachtet. Mit der noch aufzubringenden Willenskraft musste ich mich im Bett zurückhalten.

Schließlich wurde mir offiziell mitgeteilt: „Sie haben einen schweren Herzinfarkt." Jetzt war mir klar, dass ich den Abend nicht mehr erleben würde. Auch spürte ich, wie die Kraft aus meinen Extremitäten sich immer mehr zurückzog.

Ich bat sofort um einen Priester. Ohne Beichte und Lossprechung wollte ich nicht sterben. Er kam rasch. Ich war noch imstande zu beichten und erhielt auch die Krankensalbung und den vollkommenen Ablass für die Todesstunde ... Jetzt war ich gerichtet, komme was wolle, – was Gott wollte. „Herrgott, aber was ist mit den vielen Kindern, die an mir hängen? Wegen mir könnte ich schon kommen. Aber die Kinder warten auf mich. Wenn Du mir wie einst bei König Ezechias 15 Jahre dazu gibst, dann arbeite ich für Deine Kinder bis zum letzten Tag."

Mir war sehr feierlich zumute. Keine Schmerzen. Wenn das Sterben so einfach geht, wozu dann die Angst davor? Ich war sehr gespannt, was jetzt kommen würde. – Eine Frau zog mein etwas verstrampeltes Oberbett zurecht. Dann blickte sie mich an. Ich erkannte sie. Es war meine Mutter, schon seit 15 Jahren gestorben. Jetzt würde ich mitgehen. Nein! Sie nickt mir nur zu und verschwindet ohne mich.

Wie gerne wäre ich mit ihr gegangen und wie wunderbar wäre das Wiedersehen mit soviel vorausgegangenen Angehörigen und Freunden gewesen! Aber das kommt dann später. Vorrangig sind immer noch die Kinder.

Ich mache die Augen auf. Am Fußende meines Bettes stehen drei Ärzte und schauen gespannt auf den Monitor über meinem Kopf. Sie bemerken gar nicht meine geöffneten Augen. Dann schauen sie mich verblüfft an, – verschwinden.

Ich habe nie erfahren können, was sie gesehen haben und wie lange ich „weg" war. Das Wort „Wunder" ist dann beim Personal immer wieder gefallen. Glocken hätten bereits geläutet.

Nun aber fühlte ich meine Kräfte, wenn auch zaghaft, zurückkehren. Nach einigen Tagen kam ich wieder auf Station. In einem unbewachten Augenblick entwich ich, um nach meinem Auto zu schauen. Es stand noch da, mit einem Platten. Ich war eben dabei, den Reifen zu wechseln, als ein Donnerwetter über mich hereinbrach. Es war die Oberschwester. Im Nu war ich wieder im Bett und fühlte mich wie ein ertappter Schuljunge.

Ein paar Wochen später wurde ich für flugfähig gehalten. Alles verlief gut. Herzklinik in München. Ein kleiner Eingriff und ich fühlte mich wieder lebensfähig, auch wenn ich Stück für Stück verlorene Fähigkeiten und Sinnengebrauch, wie Geruch und Geschmack, langsam zurückerobern musste, was etliche Wochen kostete.

Inzwischen sind 15 Jahre vergangen und meine Gesundheit ist besser als je zuvor. Der Herrgott hat den Vertrag akzeptiert. Er läuft jetzt aber aus. Doch habe ich noch viel zu tun. Ich werde immer noch sehr gebraucht. Muss und kann ich den Vertrag verlängern? Anbieten kann ich es ja mal.

Wir werden sehen.

Die Kinder von Waldfrieden

Der Name ‚Waldfrieden' rührt noch aus der deutschen Kolonialzeit her. Die vielen Bäume rings um die Mission herum sollen den Namen rechtfertigen.

Nach einigen Wochen Reha fühlte ich mich wieder einsatzfähig für Afrika. So reiste ich zurück nach Namibia. Allerdings wollte ich nicht wieder die so anstrengende ständige Reisetätigkeit im ganzen Lande umher aufnehmen, sondern wieder ortsfest werden. Dazu gab es eine gute Gelegenheit:

Die Missionsstation Waldfrieden bei Omaruru war inzwischen, wie vom Erzbischof Haushiku versprochen, uns Missionsbenediktinern übertragen worden, damit dort wieder ein ständiger Priester sei, der auch die Pfarrei der Stadt Omaruru betreuen sollte und vier andere Pfarreien im Distrikt dazu.

Unser Pater Richard war bereits dort, und ich gesellte mich ihm zu. Pater Richard fungierte als Pfarrer und ich als Helfer. Daneben sollte ich die etwa 400 Internatskinder der Heimvolksschule geistlich betreuen. Dies war eine sehr wichtige Aufgabe. Aber wie sollte ich das anfangen?

Die Kinder sprachen Afrikaans, das ich noch nicht recht konnte. Für mein Englisch waren die Kinder noch nicht weit genug. Sie mussten es erst in der Schule lernen. Wie also sollte ich ihnen eine geistliche Führung ins christliche Leben vermitteln?

Normalen Religionsunterricht gab es schon in der Schule. Dazu waren Lehrer da. Aber dieser mehr theoretische Unterricht griff kaum aufs Leben über. Ich überlegte hin und her.

Es gibt zwei Wege der Verkündigung des Christentums: Das Wort in Unterricht und Predigt, aber dann auch das Beispiel. Letzteres kann noch besser überzeugen als das Wort.

Was gab es nun aber zu verkündigen durch Beispiel und wie? Das Wichtigste des Christentums, nämlich die Liebe. Mit Worten allein kann man sie nicht überzeugend genug darstellen. Man muss sie vorleben.

Drei Jungen von Waldfrieden

Beim Mittagessen

Priesterhaus in Waldfrieden

Kirche

Wie? Das Vorbild Jesu gibt Anhaltspunkte: Er hat nicht Süßigkeiten ausgeteilt und er hat auch wohl kaum mit Kindern Sport getrieben oder Spiele gemacht, so gut das alles sein mag. Jesus hat sich direkt mit ihnen abgegeben, sie geherzt, sie ihren großen Wert spüren lassen, mit ihnen gesprochen, sie gesegnet. Ich habe das Gleiche versucht, bin hingegangen zu ihnen, habe mich dazu gesetzt, geplaudert und sie immer wieder wissen lassen, wie wertvoll sie sind, ja jedes Einzelne ist, unabhängig von Leistung und Ansehen. Beim Auseinandergehen habe ich ihnen ein Kreuz auf die Stirn gezeichnet, also sie gesegnet und auch mal eine Sekunde an mich gedrückt. Diese Sprache wurde verstanden. Ich musste nur darauf achten, niemanden auszulassen. Alle sollten allmählich zu spüren bekommen, wie sich Liebe anfühlt. Das Leben in der Atmosphäre der Liebe macht froh.

Und nun trat allmählich tatsächlich ein, was ich erhoffte: Die vielen Streitigkeiten und Schlägereien gingen zurück, eine kindgemäße Höflichkeit untereinander bürgerte sich ein, und eine zunehmende Fröhlichkeit breitete sich unter den Kindern aus. Auf dieser Basis konnte ich dann den Kindern verständlich machen, für wie wertvoll sie sich auch gegenseitig halten dürfen, vor allem die Größeren den Kleinen gegenüber und natürlich auch umgekehrt.

Nun war es gar nicht mehr so schwer, ihnen anzuraten: „Jesus in Eure gegenseitige Freundschaft mit einzubeziehen." Das haben wir dann und wann auch zusammen praktiziert: In der Freizeit, wenn zuweilen alles durcheinander rannte, ging ich in die Kirche und setzte mich in eine Bank. Es dauerte nicht lange, dann war ich nicht mehr allein, und schließlich drängte sich eine ganze Gesellschaft um mich. Dann konnte ich ihnen zeigen, wie man frei mit Jesus sprechen kann, und manche wollten und durften es auch gleich ausprobieren. Ich glaube, dass diese ins tägliche Leben führende Methode tiefer greifen konnte als normaler Unterricht. Immer wieder kamen Kinder zu mir gerannt: „Blessing!" Ich segnete sie.

Links: Servatius aus der Vocation-Group, rechts: Benedikt, ein Ovambo, inzwischen Priester geworden

Am Abend vor dem Schlafengehen kamen die Kinder oft angerannt und zeigten mir ihre Schrunden und Kratzer, die sie den Tag über sich zugezogen hatten. Ich habe ein Kreuz darüber gemacht, und sie rannten wieder davon und kamen meist nicht wieder, weil das Übel sich offenbar zurückgezogen hatte.

Ich wollte ihnen auch die Mutter Jesu bekannt machen. Das Erbauen einer Lourdes-Grotte konnte da helfen.

Im Öffentlichkeitsgeschmack sind solche Grotten wohl abgewertet worden und außer Mode und gelten wohl auch als kitschig, doch die Kinder griffen meinen Vorschlag mit großer Begeisterung auf. Schöne Natursteine entsprechender Größe, die auf den weiten Flächen Waldfriedens zu finden waren, wurden herangeschleppt. Als genügend Material vorhanden war, rührten wir Mörtel an und bauten in einem lauschigen Winkel ein etwa mannshohes Gebilde mit einer guten Höhlung darin, wo dann eine Fatimastatue Platz fand.

Beim Rosenkranz vor der selbstgebauten Lourdesgrotte

Die Kinder durften ihre Grotte sodann ausschmücken mit Bergkristallen, die im Freien zu finden waren, oder Turmalinen, auch Rosenquarz, die an passender Stelle befestigt wurden. So wurde die Grotte zu einem kleinen Kunstwerk. Jetzt fehlte nur noch ein Halbrund an Sitzgelegenheiten vor der Grotte, und schon war sie ‚betriebsbereit'.

Um 5.00 Uhr, nach der Studienzeit, hatten die Kinder eine Stunde Freizeit. Da setzte ich mich an die Grotte, und schon kam ein Schwung angerannt, um sich dazu zu setzen. Ich begann, mit ihnen den Rosenkranz zu beten. Die Kinder lernten, dieses Gebet zu lieben. Immer mehr Kinder kamen dazu. Wir mussten die Sitzgelegenheiten nach hinten erweitern. Da kam es dann durchaus vor, dass am Ende des für Kinder eigentlich langen Gebetes noch niemand gehen wollte, und so begannen wir einen zweiten Rosenkranz. Die Kinder mit ihrem feinen Gespür für Übernatürliches fühlten sich einfach wohl in ihrer betenden Gemeinschaft.

Vor der Kirche von Waldfrieden

Der Kakteengarten neben dem Priesterhaus

Konnte ich manchmal nicht dabei sein, waren ältere Kinder als Vorbeter bereit, mich zu ersetzen.

Als ich nach einiger Zeit die Mission Waldfrieden wieder verlassen musste, war der Jammer groß. Ich machte den Kindern klar, dass ich mich über ihre Liebe freue, aber dass sie mich nicht mehr lieben dürften als Jesus und dass Jesus unverändert bei ihnen bleibe.

In den letzten Tagen vor meiner Abreise wurden mir über hundert Abschiedsbriefe, liebevoll bemalt, von Kindern gebracht und auf den meisten stand: „Father, I love you! But I love Jesus more!" Sie hatten also begriffen.

Geistig nahm ich die Kinder mit mir. Sie waren mir wirklich junge Brüder und Schwestern.

Heute sind sie längst erwachsen, Frauen und Männer im afrikanischen Leben. Aber ich fühle mich immer noch mit ihnen verbunden und umgekehrt wohl auch. Irgendwann kommt es zum ewigen Wiedersehen.

Die kleine Spitzkoppe

Auf Waldfrieden ist es nicht langweilig. Fast jeden Tag ist irgendwas los. Und wenn doch einmal nichts Besonderes geschieht, dann gibt dies Gelegenheit, den Stau besonderer Vorhaben zu verringern. So hatte ich schon längst vor, die Edelsteinjäger zu besuchen.

Viele Menschen fristen ihr Dasein durch das Graben nach kostbaren Steinen. Deren gibt es in Namibia viele in großer Mannigfaltigkeit. Das Problem ist nur, sie zu finden.

Die Erdoberfläche ist längst abgegrast, um noch irgendwas Bemerkenswertes finden zu können. Man muss schon einen besonderen Spürsinn haben, um zu ahnen, was mancherorts in der Tiefe ruht. Viele junge Männer unserer Pfarrei Omaruru – Waldfrieden versuchten mit sehr wechselhaftem Erfolg ihr Glück. Sie schlossen sich zusammen und bildeten Gruppen, um sich gegenseitig zu unterstützen, und doch wollte jeder nur für sich das große Los ziehen, nämlich einen Stein, der ihn zum Krösus machen könnte. Alle träumten und hofften Tag um Tag, dass der große Fund gelänge. Es blieb natürlich meist beim Traum. Arme Schlucker waren sie, die mit Spitzhacke und Hammer im Gebirge Löcher in die Felsen trieben, die sich meist als nutzlos erwiesen.

Es war nicht nur seelsorglicher Eifer, der mich zu ihnen hinzog, ich war auch dabei ein bisschen neugierig und hätte auch gerne mich am Traum vom großen Fund beteiligt.

Die Steinhacker, wie wir sie nannten, führten ein erbarmungslos entbehrungsreiches Leben in der gebirgigen Steinwüste, wo es nichts zu essen und kaum was zu trinken gab. Als ich so eine Gruppe am Fuß der Kleinen Spitzkoppe auftrieb, waren die Männer sehr überrascht, dass ein Priester sich in dieser abgelegenen Gegend um sie kümmerte. So konnten wir in einer Arbeitspause miteinander reden, und ich erfuhr manch interessante Dinge. Sie fühlten sich immer wieder frustriert, dass sie ihre Funde nicht so einfach in Geld verwandeln konnten.

Da kamen zwar immer wieder Edelsteinhändler, um sich mit neuer Ware einzudecken. Was die aber auch für wirklich wertvolle Mineralien bezahlten, war beschämend und reichte kaum aus, um die Grabungslizenz beim Ministerium für „Mineral Resources and Mining" bezahlen zu können.

Mir taten die Burschen Leid, – es waren auch noch Jugendliche unter ihnen, die in die Schule gehört hätten. So hatte ich mich schon früher mit besserer Bezahlung erbarmt, wenn ein besonders schönes, am Straßenrand angebotenes Stück in meine Sammlung hineinpasste. Jetzt aber ging es nicht um Steine. Ich wollte etwas über ihre Lebensweise vor Ort erfahren. Sie zeigten mir die Höhlen und Felsüberhänge, wo sie übernachteten. Und dann wurde ich eine gute Strecke weit geführt zu einem Loch, das weit in den Fels hineinführte. Natürlich trieb mich die Neugierde auch da hinein, obwohl es sehr eng war. Dann kam plötzlich ein fast senkrechter Absturz. Mit der Taschenlampe sah ich weit unten Wasser stehen. Dies war die Trinkwasserversorgung. Irgendwie wussten sie entweder hinunterzuklettern oder das kostbare Nass in Gefäßen heraufzuziehen.

Wieder zurück beim Gros der Edelsteinjäger, kamen wir auch auf mehr geistliche Schätze zu sprechen, die sicherer erlangt werden konnten. Wir beteten ein bisschen, und dann fragte ich sie, ob sie einen Gottesdienst haben wollten und zwar eine wirkliche Heilige Messe, da es sich um Mitglieder meiner Pfarrei in Omaruru handelte. Natürlich wollten sie das, „aber wir haben hier doch keine Kirche". – „Dafür habt ihr schöne große Höhlen." Wir fanden dann auch bald eine große Öffnung in den Berg, die Platz genug für alle Beteiligten bot. „Ich komme bald wieder und bringe alles mit, was wir zur Messfeier brauchen."

Ein paar Tage später war ich wieder da. Voller Erwartung versammelten sich die seltsamen Gottesdienstbesucher um einen mitgebrachten Klapptisch als Altar und erlebten mit mir den ungewöhnlichsten und höchst romantischen Gottesdienst ihres Lebens, während draußen vor der Höhle der Bergwind blies und dröhnte. Ja, Gott kann eben überall sein, auch bei Seinen ärmsten Schatzsuchern an der Kleinen Spitzkoppe.

Beim Weg zurück zum Auto hatte ich das Gefühl, ich könnte mal mit bloßen Händen den Sand unter meinen Füßen ein bisschen auf die Seite schieben. Da glitzerte etwas auf.

Ich hielt einen Silbertopas, groß wie ein Hühnerei, in den Händen, wasserklar wie frisches Quellwasser. Wenn der nicht ein paar hundert Euro wert ist! – kalkulierte ich. Als ich die Kostbarkeit einem Händler anbot, ging es mir so wie meinen Edelsteinjägern.

So kam der Edelstein in meine Mineraliensammlung in Waldfrieden, wo er vielleicht noch heute auf einen Käufer wartet. Nach Deutschland durfte ich diesen Fund nicht mitnehmen.

Wenn man ihn bei mir ohne Lizenz oder Quittung vom Ministerium gefunden hätte, wäre mir unter Umständen ein staatsbezahlter Urlaub in weniger schöner Gegend sicher gewesen.

Kinder von Nirgendwo

Ein Tag wie jeder andere. Und doch ein besonderer, da etwas Neues beginnt. Ganz unscheinbar ging es an, löste aber eine Lawine aus. Zwei fremde Kinder waren plötzlich auf Waldfrieden eingetroffen. Verschmutzt, nur zwei Kleidungsstücke am Körper, kein Gepäck, dafür leere Mägen, klapperdürr, total heruntergekommen. Es handelte sich um einen kleinen Jungen und ein noch viel kleineres Mädchen. Es gab keine Verständigungsmöglichkeit. Sie sprachen eine uns unbekannte Sprache. Wir gaben ihnen eine Reinigungsmöglichkeit. Auch hatten wir dann frische Kleidung für sie vorrätig und dann bekamen sie ein reichhaltiges Essen. Sie benötigten Schlaf. Aber was weiter? Einige unserer vielen Kinder auf Waldfrieden konnten sich mit den Neulingen verständigen.

Sie waren Damara. Dies ist ein kleiner Stamm von Menschen, die friedliebend, von angenehmem Wesen und gutem Aussehen sind. Dieser Stamm wurde einst von einem kriegerischen Nachbarstamm, den Nama, unterworfen und versklavt. Sie mussten die Sprache ihrer Herren annehmen. Die eigene Muttersprache starb aus. Der Stamm verlor seine Identität, hat aber wegen seiner Qualitäten weiterhin eine große Bedeutung.

Wir schätzten den Jungen auf 8 Jahre, das Mädchen auf 5. Sie hatten einen weiten Weg hinter sich, über 100 km zu Fuß. Ein trunksüchtiger schlägerischer Vater, die Mutter verstorben. In ihrem jeweiligen Elend hatten beide Kinder, obwohl nicht verwandt, zusammengefunden und sich auf den Weg gemacht, ohne jegliches Ziel, nur weg von daheim. Es hatte also vorerst keinen Sinn, die Kinder wieder nach Hause zu bringen, doch konnte ich sie auch nicht ohne Legitimation einfach aufnehmen. Zudem war der Bub zu alt, um ihn einfach in unsere erste Klasse aufzunehmen. Beide Kinder waren wahrscheinlich auch seelisch so verwundet, dass sie eine besondere Behandlung brauchten. Ich brachte sie in die 16 Kilometer entfernte Stadt Omaruru. Dort kannte ich eine gute, kinderreiche Familie, der ich schon wiederholt geholfen hatte. Zwei Kinder mehr war da kein Problem, zumal ich einen monatlichen Kopfbetrag versprach, der für die ganze Familie Vorteile hatte. Das Mädchen war damit zunächst versorgt. Den Jungen aber musste ich noch schulisch unterbringen. Ich nahm ihn zum Direktor der Grundschule mit, der ein aktives Mitglied der Pfarrgemeinde war. Er zeigte besten Willen, benötigte aber zur Aufnahme des Kindes eine Geburtsurkunde. Wahrscheinlich war diese fortschrittlich administrative Regelung noch eine Erbschaft aus der deutschen Kolonialzeit, als Namibia noch Deutsch-Süd-West-Afrika war. Damals dachte man wahrscheinlich nicht daran, wie ein verelendetes Kind zu einer Geburtsurkunde kommen könnte. Der Schulleiter empfahl mir, das Kind beim Ortsmagistrat, also dem Gerichtsvorstand, vorzustellen. Das war nicht sofort möglich, gelang aber schließlich. Da begann aber das Problem schon mit dem Namen. Das Kind wusste nur seinen Spitznamen: Dubley. Seinen Geburtstag und sein Alter wusste er schon gar nicht. So durfte er sich einen Namen auswählen. Er nannte sich mit Vornamen Justus. Den Nachnamen setzte man gemeinsam auf Gamaseb, einen Damara-Namen, fest. Vielleicht hatte der sogar mit seinem Vater zu tun. Den Geburtstag aber musste man frei erfinden. Acht Jahre zurück war er ja an irgendeinem Tag geboren. Der freundliche Richter legte ein unscheinbares Datum fest. Justus wurde dann registriert und ein Auszug des Eintrags diente dann zur Erstellung einer Geburtsurkunde. Dann Stempel drauf geknallt und erst nun war Justus aus einem Niemand ein wirklicher Mensch geworden, der er in den Augen Gottes vorher schon war.

Wir gingen wieder zum Schuldirektor. Der fand inzwischen die Regulierung, dass Justus eine spezielle Aufnahmeerlaubnis durch den Schulrat in Windhoek brauche, da das Schuljahr ja bereits vor über vier Wochen begonnen hatte. Er war so freundlich, den Antrag sofort selber ans Schulamt zu richten. Nun war alles Nötige unternommen. Jetzt blieb nur noch das Warten. Das aber kann in Afrika lange dauern. Das tat es auch. Als schließlich die Erlaubnis zur Aufnahme eintraf, war in der betreffenden 2. Klasse kein Platz mehr frei. Der Schulleiter bedauerte ehrlich. Wenn in Afrika der Amtsschimmel auch schwarz ist, er kann umso lauter wiehern.

Jetzt stand ich da mit meinem Justus oder Dubley. Wenn es nicht legal geht, dann eben illegal.

Ich nahm Dubley mit nach Waldfrieden und ließ der dortigen Prinzipalin, wie die Schulleiterin tituliert wird, gar keine andere Wahl, als Dubley in die 2. Klasse einzureihen.

Für die erste war der Bub einfach schon zu groß. Dubley, wie er weiterhin genannt wurde, aber war Schulanfänger, kannte kein Alphabet, auch nicht die Sprache. Er wurde ins kalte Wasser geworfen, auch ohne Schwimmer zu sein. Es war Wahnsinn. Das Erstaunliche aber geschah. Dubley entwickelte Ehrgeiz, wurde motiviert, erlebte vielleicht zum ersten Mal in seinem Leben Anerkennung, Aufmerksamkeit und Liebe. Jedenfalls war er am Ende des Schuljahrs Klassenbester. So konnte er also bei uns bleiben und seine Schulzugehörigkeit legitimiert werden. Doch musste ich einem eventuellen Vorwurf des verbliebenen Elternteils auf Kindsentführung zuvorkommen. Ich war erpressbar. So ließ ich ihn mit einer Lehrerin und einem Fahrer nach Okakarara, seiner Geburtsstadt, chauffieren. Er konnte tatsächlich den Weg zu seinem Vater aufzeigen. Der war nicht schlecht überrascht über die Karriere seines Sohnes und entwickelte nun plötzliches Interesse. Doch da der Alkohol ihm kein Geld übrig ließ für das Kind, beugte er sich der Vernunft, und Dubley durfte nun mit väterlicher Erlaubnis nach Waldfrieden zurückkommen. Es wurde aber vereinbart, dass der Bub in den Ferien auf Besuch kommen sollte. Dubley war's zufrieden. Auf dem Einwohneramt noch irgendwelche Papiere zu finden, erwies sich als aussichtslos. Wahrscheinlich war die Geburt nie angemeldet worden. Ohne unsern verkünstelten Geburtsschein wäre er staatenlos geblieben.

Die Zeit ging dahin. Dubley hörte was von Taufe und wusste sich ungetauft. Ja, er wollte getauft werden. Er drängte mich geradezu. So gab ich ihm Einzelunterricht. Es war mir eine Freude. Die Taufe war dann ein großes Schulereignis. Dubley war Hahn im Korb bei allen.

Schließlich sagte er mir, er wolle Priester werden. „Na mal langsam. Jetzt bereiten wir uns erst mal auf die Erstkommunion vor." Dies wurde dann für ihn ein wirklich großer Tag.

Außer seiner großen geistigen Begabung hatte Dubley aber auch körperliche Fähigkeiten.

Es fiel auf, dass er ein guter Läufer war. Beim Sportunterricht lief er allen davon. Vielleicht war er bereits durch die Polizei trainiert, wenn es galt, mit irgendeiner Beute davon zu rennen. Beim Schulsportfest war er der Erste. Er durfte zum Stadtsportfest von Omaruru.

Wieder Gold. Dann ging es zum Distriktwettbewerb, zum Provinztag und schließlich wurde er zum namibischen Landesmeister seiner Altersklasse. Jetzt war er zum Kinderstar geworden.

Er sollte nun zum Wettkampf der Länder des südlichen Afrika zugelassen werden. Da fehlte es ihm aber zur erkämpften Auswahl noch an der ‚Höheren Geburt'. Er war kein Ministersohn oder sonst ein Prominentensöhnchen mit elterlichem Einfluss. Er konnte aber diese Korruptionsenttäuschung lässig wegstecken. Zum Ersatz lud ich ihn ein zu einem kurzen Wettlauf mit mir. Den habe ich aber nur wegen meiner viel längeren Beine gewonnen. Die Ehre gebührte ihm.

Nach Abschluss der Grundschule wurde Justus von dem Jugendheim Peter Pan übernommen. Dies war zur Weiterbetreuung von afrikanischen Jugendlichen und deutschen

Kindergarten im Entstehen ...

... und einige Wochen später

gestrandeten Jugendlichen gedacht. Auch ein Kindergarten war angehängt: „Wer ein Kind in meinem Namen aufnimmt, nimmt mich auf."

Wie es mit Dubley und seiner Begleiterin weiter gegangen ist, weiß ich nicht. Ich wurde nach einem zweiten Herzversagen nach Deutschland zurückversetzt und damit trennten sich unsere Wege.

Doch hat Dubley Spuren hinterlassen in Omaruru. Kurz nämlich, nachdem ich ihn mit seiner noch kleineren Freundin bei der hilfreichen Familie untergebracht hatte, kamen dort andere heimatlose Kinder an. Vermutlich hatte Dubley, bevor er die 16 Kilometer nach Waldfrieden ging, sich einige Tage in Omaruru herumgetrieben und seinesgleichen gefunden. Die gingen nun zu ihm und bald hatte diese gastfreundliche Familie fünf zusätzliche Kinder unter ihrem kleinen Dach. Bei der Lehmbauweise war es kein Problem zu vergrößern. Wir erklärten es dann zum Kinderheim, ‚Haus Nazareth'. Die Mama wurde angestellt, in ihrem eigenen Haus als Erzieherin zu fungieren. Natürlich war dies keine Dauerlösung, zumal noch mehr elternlose Kinder hereindrängten. Durch einen Glücksfall konnte ich alsbald sehr billig ein fast neues Einfamilienhaus erwerben, und da zogen dann 14 Kinder ein zu einem glücklicheren Leben als vorher. Eine Heimmutter wurde angestellt. Nun gab es aber Raumprobleme. Mädchen und Jungen sollten getrennte Räume haben. Wiederum gab es eine glückliche Fügung. Das Haus nebenan, von ähnlicher Bauart, kam zum Verkauf, und ich schlug sofort zu. Der trennende Zaun zwischen beiden Häusern wurde entfernt, und so standen auf einem Grundstück zwei Häuser, ein Jungen- und ein Mädchenhaus. Eine zweite Hausmutter wurde angestellt. Die Kinderzahl wuchs auf über zwanzig. Der Name wurde geändert, da im wirklichen Haus von Nazareth wohl nicht so viele Kinder herumtollten. Der Name Haven wurde gewählt, das heißt: Zufluchtsort für viele. Es steckt das deutsche Wort Hafen darin und das englische für Himmel.

Dubley (zweiter von links) als Rennchampion mit Freunden

Der Haven mit 25 Kindern

Ein Verein musste gegründet werden als Trägerorganisation. Eine prominente deutsche Familie in der Nähe übernahm die Oberaufsicht, beide Häuser wurden durch einen Zwischenbau verbunden und das nachbarliche Grundstück durch Ankauf zu einem Spielplatz erweitert.

Der Verein wurde auf Deutschland ausgeweitet: ‚Miteinander neue Wege gehen'. Auf ihm basierend, arbeitete lange eine Frau Rose für die Kinder. Mithilfe des Vereins gründete sie einen Kindergarten und fügte eine Suppenküche daran für vernachlässigte Schulkinder.

An einem von uns seelsorglich oft befahrenen Landsträßchen hatte sich eine kleine Schule, Ozondati, über Nacht durch Feuer plötzlich in eine Ruine verwandelt. Die geistige Not darüber war groß. Ein Zahnarzt aus Deutschland übernahm durch Vermittlung des Vereins diese Grundschule, die durch die Privatinitiative einiger Lehrer begonnen worden war. Sie wurde

Weihnachtsfest in Haven

schöner wieder aufgebaut und durch einen Hostelbau erweitert und so zu einer Heimvolksschule ausgeweitet, damit auch entfernt wohnende Kinder aufgenommen werden konnten.

Eine weitere Schule wurde gewissermaßen in Patenschaft übernommen und zu voller Wirksamkeit gebracht.

Ein durchreisendes holländisches Ehepaar interessierte sich für diese Initiativen und war so beeindruckt, dass sie noch ihren eigenen Anteil zufügen wollten: Ein Kinderheim mit Namen Siama erwuchs. Unser Verein war beim Aufbau beteiligt.

Viele Menschen aus Deutschland hätten gerne ebenfalls so ein Kinderhilfsprojekt gegründet oder übernommen, wenn es die Lebensumstände erlaubt hätten. Die Mithilfe an so einem Projekt war aber durch Spenden leichter und sinnvoller möglich, und so sind der ganzen Initiative die nötigen Mittel zugeflossen. Ist es nicht schön, dass es so viele Menschen gibt, die über den Rand ihrer normalen Lebensumstände hinausblicken und unversorgten Kindern so zu einem tragbaren Leben verhelfen? Es kommt zurück als Glück, Segen und Freude ins eigene Leben, das dadurch zusätzlichen Sinn gewinnt.

Dies alles begann mit zwei zugelaufenen Kindern, die ich einfach nicht wegschicken konnte. Mir half bei allen Anfangsmühen das Wissen, dass ein Kind von unschätzbarem Wert ist. Was ist eine Million im Vergleich dazu?!

Heute haben viele Kinder großen Nutzen davon, dass mit Dubley und seiner kleinen Freundin zwei verelendete Kinder endlich nicht mehr weitergeschickt wurden, wie das sonst die Regel ist.

Die Helfer aber wissen, dass sie Zukunft gebaut haben.

Lefebvres Jünger

Das Städtchen Omaruru, zu dem Waldfrieden gehört, entstand in der deutschen Kolonialzeit Namibias.

Dort ließen sich während der Kaiserzeit, also vor dem ersten Weltkrieg, viele Deutsche nieder.

Die meisten waren evangelischen Glaubens, wie fast überall im Lande. Aber es befanden sich auch einige Katholiken darunter. Da damals die Beziehungen zwischen beiden Konfessionen lange nicht so gut waren wie heute, schlossen sich die deutschen Katholiken zu einer engen Gemeinschaft zusammen. Sie wollten ein Gemeindeleben aufbauen. Dazu waren sie auch zu Opfern bereit. So bauten sie in Eigenarbeit auf ihre Kosten eine kleine Kirche und weihten sie dem heiligen Bonifatius. Über ihrem Eingang sieht man die Zahl 1908. Sie erhielten auch einen deutschen Pfarrer, einen Missionar aus dem in Namibia niedergelassenen Oblatenorden des hl. Franz von Sales. Natürlich war er nicht nur für die kleine deutsche Gemeinde da, sondern sollte auch in der Umgebung missionarisch wirken. Dazu gehörte auch die Gründung einer Schule. Eine deutsche Schule gab es bereits in Omaruru für deutsche Kinder, die auch heute noch als Grundschule den dort ansässigen deutschen Familien für ihre Kinder sehr nützlich ist. Was damals noch fehlte, war eine Schule für afrikanische Kinder. Sonst blieben sie meist Analphabeten. Ihre Zukunft war dann, einfache Farmarbeiter auf den deutschen Farmen zu werden, wie ihre Eltern. Lebenslange Armut war ihnen sicher. Um dem abzuhelfen, kaufte der deutsche Pfarrer eine Farm außerhalb der Stadt und baute sie aus zu einer Heimvolksschule für Kinder aus Omaruru und auch aus der ganzen Gegend. Es wurde Unterkunft für 400 Kinder erstellt, dazu Hostels zur Unterbringung und eine stattliche Kirche, die alle Kinder fassen konnte. Das Schulgeld musste mehr symbolisch sein, da die Eltern kaum bezahlen konnten. Um jedoch die Aufwendungen für den Unterhalt der Schule zu erwirtschaften, wurde mit der Farm die Hälfte des dazu gehörenden Grundes erworben. Dies waren einige tausend Hektar. Dafür konnten mehrere hundert Rinder gehalten werden, die der Nahrung dienten oder verkauft wurden. Dies hat sich anscheinend bewährt. Der Schule gab er den Namen Waldfrieden.

Der Pfarrer wohnte lieber auf dieser Farm als in der Stadt und baute dazu in Waldfrieden ein Priesterhaus, das später auch mein Domizil dort war. Als der Oblatenorden jedoch diese Stelle nicht mehr besetzen konnte, vertraute der Erzbischof von Windhoek Waldfrieden uns Benediktinern an, nachdem Waldfrieden einige Jahre ganz ohne Priester war.

Als das Konzil mancherlei Neuerungen und Reformen brachte, traten mit dem nachfolgenden Pfarrer Probleme auf. Von der herangewachsenen Pfarrfamilie, die eine stattliche Größe erreicht hatte und ihre kleine Kirche auch wirklich füllte, verlangte dieser neue und sehr fortschrittlich eingestellte Priester die schnelle Übernahme der Liturgiereform. Die deutsche Gemeinde, bisher ziemlich isoliert in ihrem Glauben, den sie standhaft und treu bewahrte, sollten nun plötzlich Liebgewordenes, z. B. das altvertraute Liedgut, aufgeben und Neues akzeptieren. Das konnte nicht so schnell gehen, wie der progressive Priester von den alten Deutschen erwartete.

So kam er nicht mehr zum Gottesdienst und verlangte, dass die deutsche Gemeinde sich an den afrikanischen Gottesdienst anschließt, einige Kilometer entfernt und ganz anderer Art.

Die deutsche Gemeinde traf sich jedoch weiter im eigenen von ihren Großeltern gebauten Gotteshaus. Da tat sich der Pfarrer mit der Diözesanleitung, die über jede in Gebrauch befindliche Kirche entscheiden kann, zusammen und sie verkauften die Kirche an das benachbarte Hotel, das die Kirche als Getränke- und Vorratsraum verwendete.

Dies war der deutschen Gemeinde zu viel. Sie hörten von der Pius-Bruderschaft in Prätoria und nahmen Kontakte auf. Diese erklärte sich zur Hilfe bereit. Sie kaufte die Kirche vom Hotel zurück auf ihren eigenen Namen, restaurierte sie und versprach, einmal im Monat zu einem Gottesdienst zu kommen. Den jeweils nötigen Flug musste die gewiss nicht reiche Gemeinde bezahlen. Auf die Dauer war dies kaum möglich, zumal etliche Familien weggezogen waren. Sie hatten einfach genug von diesem dauernden Hader. Diese neue Gemeinde der Bruderschaft wurde ihr bald mehr zur Last als Gewinn. Der Priester kam immer seltener. In dieser Situation wandten sich die noch anwesenden Familien an mich, um ihnen ab und zu einen Gottesdienst zu halten.

Nun lag es an mir, eine Lösung zu finden. Ich hätte die Erlaubnis des Oberen der Bruderschaft zur Benutzung der Kirche gebraucht. Angeblich wurde sie mir erteilt unter der Bedingung, nur tridentinische Messen zu halten. Das wollte ich nicht akzeptieren. Ein Kompromiss schien zu helfen. In Latein kann die hl. Messe ja gefeiert werden. Aber im neuen Ritus. Wer kennt schon den Unterschied!?

Ein anderes Problem: Dieser Rest der deutschen Gemeinde galt als automatisch exkommuniziert, als Anhänger Lefebvres, da sie als schismatisch eingestuft wurde. Würde ich nun zelebrieren, könnte mich ebenfalls die Exkommunikation treffen als Mitarbeiter und Förderer der schismatischen Bruderschaft, mich also gewissermaßen der Communicatio in sacris schuldig machen, wie es im Kirchenrecht heißt. Ich wollte diesen Menschen aber auch meine Hilfe nicht einfach versagen. Hier hätte der Buchstabe des Gesetzes den Geist getötet. Diese Katholiken hatten das nicht verdient. Sie wollten ja nichts anderes, als weiterhin fromme, gläubige und lebendige Katholiken zu bleiben. Nun war ihnen dies vom eigenen Pfarrer genommen worden. Ob Lefebvre ein schismatischer Bischof war oder nicht, das scherte die guten Leute wenig. Wie immer in solchen strittigen Angelegenheiten überlegte ich: „Jesus, was hättest Du getan?" Er hatte Erfahrung genug. Er war ja selber exkommuniziert worden von Seiner eigenen damaligen Kirche, geführt von den Hohenpriestern. Seine Exkommunikation ist bis heute nicht aufgehoben, sonst hätten die Juden ja einen Gesinnungswandel zur katholischen Kirche vollzogen. Jesus hier nachzuahmen, kann nicht falsch sein. Mit dieser Überzeugung begann ich, einmal im Monat St. Bonifatius in meinen Gottesdienstplan mit einzubeziehen. Die Gläubigen waren höchst dankbar. Es kamen auch mancherlei Afrikaner mit in diesen Gottesdienst, sodass das Kirchlein gefüllt war. Bald wurde ich gebeten, das Latein fallen zu lassen zugunsten der verständlicheren deutschen Sprache.

So hätte dies zu allseitiger Zufriedenheit führen können.

Nicht zufrieden waren aber die Vorsteher in Prätoria, als sie davon erfuhren. Sie stellten mir ein Ultimatum, entweder voll tridentinisch oder gar nicht zu zelebrieren. Jesus war damit sicher nicht einverstanden. Um es aber nicht zu einer Anklage wegen Hausfriedensbruches kommen zu lassen, gab ich nach, zudem die deutsche Gemeinde noch kleiner geworden war und mein Abschied von Namibia bereits erkennbar wurde.

Er kam und weitere Jahre sind vergangen. Wie ich hörte, ist die Gemeinde auf eine bald hundertjährige Frau zusammengeschrumpft. Ich aber wäre, falls es nach der ursprünglichen Strenge ginge, immer noch exkommuniziert. Ist das nicht eine seltsame Nachfolge Jesu? Ich bin nicht unglücklich darüber.

Pater Ildefons

Das Telefon klingelte. Es meldete sich jemand aus Tansania, Mtwara, ein Pater Ildefons. Ich hatte keine rechte Vorstellung von ihm, hatte ihn wahrscheinlich noch nie getroffen. Er lud mich ein, zu ihm zu kommen, wenigstens für ein paar Tage. Ich sah nicht ein, was dies für einen Sinn haben sollte. Aber er bat ganz dringend darum.

Mtwara liegt am Indischen Ozean, ganz im Süden Tansanias. Dort, etwas mehr im Lande, liegt die Abtei Ndanda, die zur Kongregation von St. Ottilien gehört. Ihr gehörte Pater Ildefons an, aber er war beauftragt, die Pfarrei Mtwara mit 95.000 Einwohnern als Pfarrer zu führen. Seine Heimatabtei war Münsterschwarzach.

Es war kein Spaziergang dorthin, an denIndischen Ozean. In einem Tag war die Flugreise gar nicht möglich, wegen zweimaligen Umsteigens. So gab ich eine hinhaltende Antwort, da ich nicht direkt absagen wollte. Ich hätte mich von meinem Herzinfarkt noch nicht genügend erholt; was auch stimmte.

Es vergingen Wochen. Wieder kam ein einladender Anruf. Es musste Pater Ildefons ein wichtiges Anliegen sein, und ich konnte nicht verstehen, warum. Wieder schob ich es hinaus. Und wieder vergingen ein paar Wochen. Dann kam ein noch dringenderer Anruf. Es musste ihm ein ganz wichtiges Anliegen sein.

Also, in Gottes Namen. Ich fragte bei meinem Arzt nach, ob diese nicht einfache Reise vertretbar sei. Er meinte, wenn es in ein malariafreies Gebiet ginge, könne ich es wagen. Wenn ich mir aber Malaria zuzöge, sei mein Herz noch überfordert.

Nun ist aber der ganze Küstenstreifen am Indischen Ozean ausgesprochenes Malariagebiet. Vielleicht kann ich es aber mit einem Präventionsversuch riskieren, dachte ich, obwohl ich schlechte Erfahrungen damit hatte. Ich buchte den Flug: Windhoek-Johannesburg, dann nach Daressalaam, dort übernachten und dann ins abgelegene Mtwara.

Pater Ildefons holte mich am Flugplatz ab. Das Flughafengebäude war eine größere Holzhütte.

Wir fuhren in die Pfarrei. Dort erzählte mir Pater Ildefons von seiner Arbeit. Er hatte sehr viel auf die Beine gestellt: Pfarreien gegründet, Kirchen gebaut, ein Schwesternkloster eingerichtet. Es wurde zu viel für ihn allein.

Alles wollte er mir zeigen. Bis weit ins angrenzende Mosambik hinein hat er seine Tätigkeit ausgedehnt. Mit seiner Fähre, die auch dem öffentlichen Verkehr diente, fuhren wir über den fast einen Kilometer breiten Grenzfluss Ruvuma nach Mosambik hinüber.

Wir kamen in die Ortschaft Palma, für deren Christengemeinde Pater Ildefons einen beachtlichen Kirchenbau begonnen hat. Eine Kaserne in der Nähe hatte er erworben, um eine Secondary School daraus zu machen. Ich durfte der ersten darin gehaltenen Schulstunde beiwohnen und den Jugendlichen von der Mission erzählen. Dann fuhren wir weiter in verschiedene andere Ortschaften in denen Pater Ildefons Projekte laufen hatte. Unglaublich, was er alles angeschoben hatte, neben der Führung seiner großen Pfarrei. Auch in Mtwara selber hatte Pater Ildefons etliche Projekte entwickelt.

Und dann öffnete er mir sein Herz. Er hatte große Schulden, und die Arbeit wuchs ihm über den Kopf. Er bat mich rundheraus, zu ihm herüberzukommen und ihm zu helfen, oder gar alles zu übernehmen. Das war also der Grund, warum er mich zu einem Besuch so dringend eingeladen hatte. Aber das hatte nicht ich zu bestimmen. Was ich tun konnte war, ihm alles, was ich auf meinem Missionskonto hatte, zu überlassen, um seine Schulden etwas zu verringern. Ich gab sofort die Anweisungen dazu nach St. Ottilien. Dies tat ich ohne Bedenken, nachdem ich gesehen hatte, was er aus Geldmitteln umzusetzen verstand.

Pater Ildefons fuhr mich noch zu seiner Abtei Ndanda, die ich sehr gerne sehen wollte. Ich traf dort so manchen bekannten Mitbruder.

Schließlich war der Tag meiner Abreise gekommen. Schon die Nacht über fühlte ich Fieber aufkommen, Kopfschmerzen und Pein in den Muskeln. Malaria! Das Jenseits lässt schon wieder grüßen! Aber da war keine Zeit zum Kranksein. Um 14 Uhr war Abflug. Wenn ich den Flug versäumte, hatte ich kein Geld mehr, ein neues Ticket zu kaufen.

Ich ging zu Pater Ildefons. Er war noch nicht aufgestanden. War auch er krank? Ja. Ich trat an sein Bett.

Typische Anzeichen von Malaria. Tage zuvor sagte er mir, dass er in diesem Malariagebiet noch nie Malaria gehabt habe und es nicht fürchten brauche. Und nun liegt er selber da. Es schien gar nicht gut um ihn zu stehen. Ich blieb bei ihm im Zimmer. Ein Arzt sollte kommen aus dem dortigen Missionshospital. Der ließ auf sich warten.

Es war klar, dass Pater Ildefons nicht aufstehen konnte. So feierte ich an seinem Bettrand die Hl. Messe. Er empfing auch das Bußsakrament und ich spendete ihm die Krankensalbung. Schließlich kam der Arzt. Er konnte nicht viel mehr tun, als die Schwere des Falles feststellen. Wir blieben am Bett sitzen, während ich immer wieder auf die Uhr blickte. Das Flugzeug würde nicht auf mich warten. Pater Ildefons atmete schwer. Schließlich blieb der Atem einfach stehen. Kaum merklich für uns war er gegangen. Ich, als eigentlicher Todeskandidat, überlebte. Pater Ildefons, der bisher aller Malaria getrotzt hatte, war ihr erlegen.

Seinen Wunsch zu bleiben, konnte ich nicht erfüllen. Seine Fußspuren wären mir auch viel zu groß gewesen.

Ich konnte nicht mehr länger bleiben, eilte zum Flugplatz. Im Flugzeug entwarf ich einen Brief an alle Prokuratoren der Kongregation von St. Ottilien, um sie zu gemeinsamer Hilfe für die Mission von Pater Ildefons zu bitten. Ich war der Letzte, der den Stand der Dinge von ihm direkt erfahren hatte, war sozusagen der Überbringer seines geistlichen Testaments.

Und ich konnte mich dafür verbürgen, dass alle Mittel, die zu den Schulden führten, sehr sinnvoll verwendet waren.

Nicht lange darauf wurde die wunderschöne Kirche von Palma eingeweiht. Die Hilfe scheint wirksam geworden zu sein.

Ich kann mir die dringende Einladung von Pater Ildefons nur dadurch erklären, dass er, der viel jünger war als ich, den Ablauf seiner Zeit gespürt hatte und einen Weg in die Zukunft seiner Mission sicherstellen wollte.

Zwei Tage später traf ich wieder in meinem Arbeitsgebiet Waldfrieden ein. Die Malaria war ohne jegliche Behandlung schon fast überstanden. Ich hatte offenbar noch Aufgaben vor mir.

Bergkameraden ...

Waldfrieden ist nicht nur eine Missionsstation mit einer großen Heimvolksschule, sondern es gehört auch eine Farm mittlerer Größe dazu. Vom Gründer der Einrichtung war sie dazu gedacht, den Unterhalt für die ganze Mission zu liefern.

Nun gelten in Namibia andere Maßstäbe zur Beurteilung der Größe einer Farm: Bis 100 Hektar spricht man nicht von einer Farm. Das ist lediglich ein Garten. Eine kleine Farm reicht bis zu 2000 Hektar. Was über 10 000 Hektar geht, wird dann als eine große Farm bezeichnet. Die Farm von Waldfrieden bewegt sich um 5 600 Hektar, liegt also in der Mitte.

Nun darf man die Beschaffenheit und Qualität des Bodens nicht mit deutschen Verhältnissen vergleichen. Das Land ist sehr trocken, eignet sich kaum zum Ackerbau. Es kommt eigentlich nur die Haltung von beef cattle (Fleischvieh) in Betracht. Zur Ernährung eines Rindes, das besonders hitze- und dürreresistent ist, sind etwa 15-20 Hektar vonnöten. Die Ziege und das Schaf sind bescheidener und begnügen sich mit etwa 5 Hektar.

Da Namibia der Fläche nach etwa doppelt so groß ist wie Deutschland, jedoch nur um zwei Million Einwohner hat, besteht kein Mangel an Land. Es wäre nicht nur sinnlos, sondern auch schädlich, den relativ wenigen weißen Farmern ihre Farmen entschädigungslos wegzunehmen.

Waldfrieden ist also halb umgeben von 56 Quadratkilometern Land. Das passt für ein paar hundert Kühe, für die kein Stall nötig ist, sondern nur Bewachung und Trinkwasser. Waldfrieden reicht bis zu den Bergen am Horizont. Aber gerade die haben es in sich. Es ist ein richtiges Gebirge mit vielen Gipfeln und felsigen Abstürzen, ideale Kletterwände für Draufgänger. Unsere afrikanischen Jungen gehörten zu dieser Kategorie Menschen. Deshalb hatten sie eine Riesenfreude, wenn ich fragte: „Wer geht mit in die Berge?" Ich hätte eher fragen sollen, wer nicht mitgeht. Dann ging es in den Minibus, der sich dadurch vom 9-Sitzer zum 20-Sitzer verwandelte. Polizei hat hier nichts zu sagen. Schließlich hatten wir auf unserm Grund unsere eigenen Verkehrsregeln. Dann waren ein paar Kilometer zurückzulegen, bis zu unserm Waldfriedener Hausgebirge. Bis zur Grundstücksgrenze unserer Farm wären es noch ein paar weitere Kilometer gewesen, also 15 km insgesamt. Das Gebirge lag irgendwo dazwischen. Kaum angekommen fielen unsere Wildlinge sofort über die Felsen her. Sie beherrschten sie wie die Klippdachse, die es hier gab. Mir machte es natürlich ebenfalls Spaß, auch wenn ich weniger waghalsig war. Zu schnell wieder heruntergekommen ist gottlob keiner.

Ich spürte, dass meine Zeit in Afrika sich dem Ende zu neigte. Das Gehwerk wollte neue Knie haben und das Herz schien ständig Urabstimmung zu halten, ob es weiterarbeiten wolle oder ein Streik angezeigt sei. Ich hielt dies auch nicht geheim. „Aber bevor Du gehst, müssen wir noch in die Berge fahren." – „Vielleicht geht's", war meine vage Antwort, um nicht zu enttäuschen. Sie wurde aber sofort als Versprechen aufgewertet. So wurde ich immer wieder daran erinnert. Ich bot Ersatzunternehmen an, die nicht so anstrengend gewesen wären: „Wir gehen dafür an den Omaruru River und suchen steinzeitliche Artefakte," die es dort in Menge gab. – Abgelehnt. – Die Steinzeit war zu sehr vorbei, als dass neueste Verfahren der Faustkeilfabrikation vergangener Jahrzehntausende noch Faszination hätten auslösen können.

„Wie wär's, wenn wir in unsere Epidot-Mine gingen, – dort gibt es auch schwarzen Turmalin. Dies sind wertvolle Halbedelsteine." – „No, no!" – „Dann sehen wir nach, was unsere Zebras bei den Wassertrögen machen und die Kudus und Oryxantilopen auf unserer Farm. „Nein!" – es mussten die ‚schwindelnden Höhen' sein, und das mit mir! Ich gab endlich nach und dachte, ich bleibe einfach unten, auch wenn ich die Verantwortung über die Kraxler hatte. Die würden schon selber auf sich aufpassen.

Die nächste Gelegenheit wurde ergriffen. Erstürmung des Minibus. Und los ging es.

Bald war der Fuß eines meines Wissens ziemlich milden Berges erreicht. „Seid vorsichtig und kommt bald wieder!" ermahnte ich, – ohne Erfolg. – „Du musst mit!" „Aber ich kann doch nicht!" – „Mit uns schon. Wir nehmen Dich einfach mit hinauf."

Zwei ‚Klippdachse' huschten voran und zogen mich an den Armen mit und zwei andere schoben von unten. Wie ein Paket mit kostbarem zerbrechlichem Inhalt wurde ich nach oben gehievt. Da war nichts zu steil, ... ‚und wenn wir erklimmen'. Ich wusste, dass dies nicht ganz ungefährlich war. Aber mein Leben war ja mit täglich schwindendem Rest bereits gelaufen.

Ich wollte nur nicht, dass junges Leben ein jähes Ende fände und half deshalb an gefährlichen Stellen mit noch eigenen Kräften mit. Wir erklommen tatsächlich den Gipfel und es war für mich bei den zusätzlichen PS gar nicht so anstrengend wie erwartet. Wir genossen den schönen Blick über unser Waldfriedenland, das fünfzig Mal so groß ist wie der Vatikan, wenn's reicht.

Und nun sollte es wieder hinunter gehen. Dies ist schwieriger als der Aufstieg. Aber, – kein Problem für meine Packeselchen. Wie sie mich hinaufschoben, so senkten sie mich

Von ‚Klippdachsen' geschützt

wieder behutsam in die Tiefe. Vielleicht haben sie das von ihren Groß- und Urgroßvätern geerbt, die wohl einst Träger bei deutschen Eroberungsexpeditionen waren. – ‚Wie oft sind sie geschritten ... haya safari ...!'

Nachdem die Gesetze des ‚Freien Falles' auf mich keine Anwendungen gefunden hatten, kam ich erleichtert unten an, fühlte mich aber doch wohler, wieder festen Boden unter den Füßen zu haben. Jedenfalls war das Unternehmen gelungen, ich bin meinem Versprechen treu geblieben und alle waren zufrieden.

Jetzt, zehn Jahre später, würde ich gerne wieder mit diesem wilden Heer so eine Bergtour machen und ich bräuchte jetzt keine zweibeinigen Klippdachse mehr. Sie haben mich gelehrt, nicht so schnell aufzugeben, wenn die Jahre plötzlich zu sehr drücken wollen. Und so habe ich es nach meiner Rückversetzung nach Deutschland auch gewagt, der in einer momentanen Schwierigkeit steckenden Erzdiözese München eine Pfarrei abzunehmen und sie so lange zu führen, bis ich nach sechs weiteren Jahren einen erzbischöflichen Schubser wegen Überalterung bekam.

Dafür kann ich jetzt in Bulgarien, einem Land größten Priestermangels, noch einer kleinen Pfarrei dienen, die flächenmäßig die ganze Erzdiözese München aufnehmen könnte.

Mit Gottes Hilfe geht alles, auch was eigentlich nicht mehr geht.

Durchhalten

Wenn man von vielen Seiten begehrt wird, ist es nicht immer leicht, Grenzen zum Selbstschutz zu ziehen. Dies war auch mein persönliches Problem. Es blieb mir kaum mehr Zeit, zu mir selber zu kommen und auf eigenes Leben und Gesundheit Rücksicht zu nehmen. So spürte ich langsam, dass wiederum nicht mehr alles stimmte. Ein geringfügiger Husten wollte nicht mehr weggehen. Er nahm sogar langsam zu und wurde mehr und mehr störend. Kraft und Initiative ließen nach. Müdigkeit zur unrechten Zeit stellte sich ein. Natürlich, das Alter war längst da und damit suchte ich mich zu beruhigen.

Die vielen Kinder täglich um mich herum, mochten sie auch noch so übersprudelnd sein, weil es ihnen gut ging, waren mir mehr Freude als Problem. Aber die so vielfältigen Aufgaben nach außen waren eine ständige Quelle für Stress. Dazu der Druck: „Wenn du es nicht tust, bleibt es ungetan."

Ich wurde kurzatmig. Alle möglichen anderen Symptome meldeten sich. Ich wusste um mein angeschlagenes Herz. Aber wie zurückschalten? Es schien aber eine Behandlung in Deutschland notwendig zu werden. Eigentlich sollte ich dies nicht verschieben.

Doch Ostern stand bevor. Schon mit dem Palmsonntag begann der zusätzliche Stress. Vielleicht kann ich unmittelbar nach dem Fest nach Deutschland fliegen. Solange aber musste ich durchhalten. Am Karfreitag schon wäre ich froh gewesen, Ostern hinter mir zu wissen.

Trotzdem, es galt, die Osternachtfeier in der volkreichen Stadt Omaruru vorzubereiten.

Noch am Karfreitag bat ich meine Liturgiehelfer, auf meinen wackeligen Zustand Rücksicht zu nehmen. Sie versprachen es natürlich. Als aber die Osternachtfeier am Karsamstag Abend begann, waren dazu 25 Täuflinge gebracht worden. Jeder Pfarrer hätte sich darüber gefreut.

Ich schon auch. Aber werde ich dies alles zusätzlich zu der ohnedies komplizierten und langen Osternachtfeier wirklich schaffen? Zudem unterbrach mich der zunehmende Husten oft beim Sprechen und Vorbeten.

Schließlich waren alle 25 Taufen in, wie ich glaube, würdiger Weise vollzogen, und der unmelodische Chor der neuen Kinder Gottes verteilte sich wieder auf die Bänke. Ich spürte jedoch drohend, wie meine Kräfte weiter nachzulassen begannen, doch musste ich einfach weiter durchhalten und durfte keine Schwäche merken lassen, um den so froh feiernden Menschen die Osterfreude nicht zu stören. Schließlich kam es zum so beliebten Friedensgruß der Gläubigen. Dies geht nicht so schnell wie bei uns in Deutschland. Besonders in der Osternacht ist dies ein weiterer Höhepunkt. Jeder möchte jedem in der vollen Kirche frohe Ostern wünschen. Alles geht durcheinander. Aber es geschieht in Liebe und damit sind auch die damit verbundenen Geräusche und Laute nicht unwürdig. Ich musste mit mindestens zehn oder mehr Minuten Verzögerung rechnen. Aber ich konnte einfach nicht mehr. Mich unters Volk zu mischen, wie ich es sonst getan hätte, um möglichst viele Hände zu schütteln, schien mir unmöglich. Mich neben dem Altar hinzusetzen, wäre missverständlich oder verräterisch verständlich gewesen.

In der Sakristei zu verschwinden noch mehr. Doch irgendwie musste ich verschwinden und mich niederlegen können, um einem Zusammenbruch zuvorzukommen. Da fiel mir ein, dass der Altar aus einem Tisch bestand, der vorne und an den Seiten durch Bretter verschalt war.

Da aber, wo ich stand, war kein Hindernis, in Deckung zu gehen. Ich bückte mich schnell, in Messkleidung wie ich war, unter die Tischplatte und verschwand völlig unter dem Altar, wie man es in kirchlicher Frühzeit mit den Märtyrern gemacht hatte, die dann aber schon tot waren.

Ich konnte mich sogar flach auf den Boden legen. Damit war ich unmerklich verschwunden. Niemand konnte mich erspähen. Auch nicht die vielen Ministranten. Sie waren unters Volk gemischt.

Als das freudige Geschehen durch Abnehmen des Geräuschpegels zu Ende ging, war ich urplötzlich wieder da. Einige Minuten zu liegen hatten so gut getan, dass ich den feierlichen Gottesdienst zu Ende führen konnte, ohne etwas merken zu lassen. Aber ich wusste jetzt, dass ich am Rande des Möglichen angelangt war. Vor etwa vier Jahren wurde mir ja auch vom Ärzteteam, das mich nach einem schweren

Herzinfarkt wiederhergestellt hatte, vorhergesagt, dass ich nach ein paar Jahren mit einem Rückfall rechnen müsse. Dies schien jetzt im Kommen zu sein. Ich musste so schnell wie möglich nach Deutschland, um es nicht zum Letzten kommen zu lassen. Trotzdem mussten die noch anstehenden Ostergottesdienste gehalten werden, was einigermaßen gelang.

Für Osterdienstag konnte ich einen Flug nach München buchen. Der Flug aber fiel aus. Ich musste bis Donnerstag warten. Beim Einchecken gab's nochmals ein Problem.

Die dortige Dame schaute mir prüfend ins Gesicht und fragte: „Was soll geschehen, wenn Ihnen was zustößt?" – „Dann habe ich keine Wünsche mehr." Zögernd wurde ich bedient.

Ich muss ausgesehen haben wie der Tod auf Latschen.

Der lange Flug, knappe zehn Stunden, war kein großes Problem. Ich fühlte mich sogar wieder besser. Gut angekommen griff ich nach dem Telefon, um einen Termin bei dem mir zugeordneten Kardiologen zu erhalten. Doch die Auskunft der Angestellten lautete: „Kommen Sie am 12. Mai." Das wäre in vier Wochen gewesen. „Dann darf ich Sie freundlich zu meiner Beerdigung einladen."

Ein alter Freund, der davon erfuhr, vermittelte mich zu seinem Hausarzt. Der ließ mich sofort kommen, untersuchte mich kurz: 22% Herzpumptätigkeit. „Wenn es noch weiter sinkt?" – wollte ich wissen. „Dann geht es steil aufwärts" – und er griff zum Telefon. Minuten später war ein Notarztwagen da, der mit mir nach München in eine Herzklinik jagte. Dort wurde hinter meinem Rücken festgestellt: Zu spät. Da ist nichts mehr zu machen. Das Herz ist fertig. Leib und Lunge sind voller Wasser. Daher auch der Husten.

Doch wurde ich immerhin aufgenommen und in ein Zimmer gelegt, aus dem man normalerweise nicht mehr normal entlassen wird. Aber da lag ein guter Leidensgenosse. Der erzählte mir später die ihm gegebene Anweisung: „Wir vertrauen Ihnen einen Sterbenden an. Wenn es so weit ist, läuten Sie bitte sofort."

Es kam nicht zum Läuten. Aber ein netter junger Arzt erschien, um mir meine Situation schonend zu erklären. Ich dankte ihm: „Sie haben das so gut gemacht, dass ich selbst als alter Priester davon noch lernen kann." – „Ich hatte auch im Sinn, Priester zu werden. Aber dann kam es doch anders."

Auch bei mir kam es anders als gedacht. Ich erholte mich wieder von der anscheinend sehr gefährlich fortgeschrittenen Herzmuskelentzündung und konnte bei bester Behandlung nach zwei Wochen schon wieder entlassen werden. Nun wollte ich wieder nach Afrika zurück. Dafür aber wurde ich mit 73 Jahren für zu alt angesehen und offiziell nach Deutschland zurückversetzt. Doch musste ich nochmals nach Namibia hinaus, um dort alle noch offenen und unvollendeten Dinge abzuschließen und dann mit gutem Gewissen nach Deutschland endgültig zurückzukehren in den willkommenen Ruhestand.

Der Superior in Waldfrieden, Pater Richard, mit dem ich mich stets gut verstanden hatte, war froh über meine Rückkehr: „Gut, dass Du wieder da bist. Ich muss sofort nach Deutschland fahren. Meine Mutter feiert ihren 95. Geburtstag und außerdem ist mein Urlaub überfällig. Ich muss sofort abfahren, um das Flugzeug zu erreichen. Hier ist der Schlüssel zum Schreibtisch."

Ich wandte ein: „Ich bin ja gar nicht mehr auf dem Laufenden und brauche wenigstens noch Erklärungen." – „Das ergibt sich alles aus den Papieren. Du wirst schon zurecht kommen damit."

Ja, so „geruhsam" geht es manchmal zu in der Mission. Ich wollte den Schlusspunkt hier setzen und dann wieder abreisen. Nun bin ich hier festgenagelt, über zwei Monate allein hier, wo es übergenug zu tun gibt für zwei.

Dies bedeutete: Aufsicht über die Heimvolksschule mit vierhundert Internatschülern, in der großen Farm nach dem Rechten sehen und vor allem fünf Pfarreien, zum Teil weit auseinander liegend, betreuen. Dies waren übers Wochenende jeweils vier Sonntagsgottesdienste mit ungefähr 350 km dazwischen. Irgendwie würde ich schon durchkommen, wenn es das Herz oder besser der Herrgott erlaubt. Ich stürzte mich hinein in den täglichen Stress. Am anstrengendsten jedoch waren die Wochenenden mit ihren fünf weit verstreuten Gottesdienstorten.

Buschbrand

Wieder kam ich eines Sonntags bei einbrechender Dunkelheit heim und wollte nichts anderes mehr als ins Bett. Mein Herz war mit dieser Art Nachbehandlung nicht zufrieden und gab mir dies zu spüren. Kaum war ich eingeschlafen, da schepperte das Telefon: „Bei euch brennt's! Das Feuer kommt auf euch zu." Es war der Nachbarfarmer. Ich schaute zum Fenster hinaus. Alles war friedlich und dunkel. Kein Brandgeruch. Also brennt es draußen in der Farm. Ich suchte nach einer höheren Position, nämlich auf dem Hochtank zur Wasserversorgung. Tatsächlich, weit im Süden, am Horizont war ein heller Lichtschein, der nicht dorthin gehörte. Bis zur Grenze unserer Farm dort waren es 15 km. Die Farm war so flächengroß, da in der namibischen Trockensteppe oder Dornbuschgegend für die Haltung eines Rindes 20 Hektar Land gerechnet werden müssen. Wir hatten aber an die 200 Stück Rinder, um die Schule und die Mission finanzieren zu können. Das Feuer hatte also viel Fläche, sich auf unserem Farmgelände auszudehnen mit viel Schadensmöglichkeit. Auch war das kostbare Vieh dem Feuer ausgesetzt. Es musste sofort was geschehen. Aber was? Die Feuerwehr zu alarmieren ist sinnlos. Eigene Löscheinrichtung ist nicht da. Wir haben nie mit so etwas gerechnet. Offenbar war dies der erste Vorfall dieser Art.

Es herrschte Ratlosigkeit. Aber wir mussten wenigstens zum Feuer hin. Ich rief junge Arbeiter von der Mission zusammen, und wir hatten auch ein paar Postulanten als Klosteranwärter bei uns. Mit insgesamt zehn starken jungen Männern im Minibus, mit Beilen bewaffnet, fuhr ich also dem Feuer entgegen, über die holprigen Buschpfade. Die Helle am Horizont wuchs gen Himmel, und manchmal konnte man schon in die Höhe schnellende Flammen sehen. Schließlich hielten wir in gemessenem Abstand vor der Feuersbrunst an. Sie hatte sich bereits zu einer knatternden Feuerwand von mehreren hundert Metern Breite entwickelt und kam uns entgegen, war also auch im Anmarsch auf die Mission. Aber bis dahin durfte es nicht kommen, sonst wird alles ein Aschehaufen. Und 400 Kinder sind bereits im Bett. – Das kann ja sauber werden!

Ich hatte keine Ahnung, wie man so ein Feuer zum Stoppen bringt, war aber trotzdem der Feuerwehrhauptmann, denn die jüngeren Jahrgänge waren auch nicht kundiger als ich.

Das Feuer wurde vor allem von etwa einem halben bis ein Meter hohen Steppengras genährt. Die Büsche dazwischen brannten wie Fackeln, behielten aber das Feuer auf der Stelle. Die Gefahr war das Gras.

Ich befahl: „Jeder besorgt sich einen großen belaubten Ast mit einem Beil und dann gehen wir auf das Feuer los und schlagen es aus." – Das war leicht gesagt. Schon ein paar Meter von den Flammen entfernt strahlte einem unerträgliche Hitze entgegen. So schickte ich zunächst je zwei Mann an die beiden Seitenenden der Feuerwand, wo sie näher ans Feuer herankamen und es nach innen aufeinander zu drängen konnten. Das hätte aber viel zu viel Zeit bis zum Zusammentreffen gekostet. Das Feuer hätte vorher die Missionsgebäude erreicht. Eine Zusatzmaßnahme war vonnöten. Wir mussten einen Durchbruch durch die Mitte der Feuerwand erzielen und dann von innen aus beidseitig nach außen arbeiten, den Kämpfern an den Rädern entgegen.

So teilte ich die übrigen 6 Mann in drei Zweiergruppen ein. Die ersten zwei prellten vor ans Feuer heran und droschen darauf ein, was sie konnten. Das war drei bis vier Sekunden auszuhalten. Dann kamen die nächsten zwei und machten weiter und schließlich das dritte Paar. Dann waren die ersten wieder an der Reihe. So konnte ein Geländegewinn ins Feuer hinein erzielt werden. Mit Siegesgeheul wurde schließlich der Durchbruch erzielt.

Nun konnte man von innen nach außen weiter aufs Feuer einschlagen, den außen Kämpfenden entgegen. Ich selber drosch jeweils dort mit, wo Rückstand herrschte.

Da entdeckte ich, dass in weiter Entfernung, bisher durch einen Berg verdeckt, ein weiteres Feuer wütete. Es blieb mir nichts anderes, als selber dorthin zu fahren und vor Ort zu planen. Im Eifer fuhr ich zu nahe an das wie ein MG knatternde Inferno heran. Ich hatte die Geschwindigkeit des Feuers unterschätzt. Auch dieser Brand zielte auf die Mission hin.

Ich jagte zum Auto zurück, um es zu retten. Beim erregten Schnellstartversuch mahlten sich die Räder nur tiefer in den Sand. Ich musste das Auto den Flammen überlassen und rannte zu Fuß dem Hauptfeuer entgegen. Da hörte ich Motorengeräusch. Dies ließ Hilfe erwarten. Ich erreichte das Fahrzeug, das sofort stoppte. Es war Verstärkung von einer Nachbarfarm. Sie folgten mir zu meinem Auto zurück. Es war noch nicht von Flammen erfasst. Mit einem Abschleppseil gelang es, den Wagen aus dem Sand zu ziehen und so zu retten. Diese Helfergruppe in letzter Not ließ ich an dieser Stelle das Feuer bekämpfen, bevor es sich zu weit ausbreiten konnte. Sie haben es schließlich geschafft. Ich fuhr zurück zum Hauptkampfplatz und half weiter beim Hineindreschen in die Flammen.

Um 10 Uhr nachts etwa begann der Kampf. Um Mitternacht, als ich einen Überblick erhaschen wollte, stellte ich fest, dass die jeweils zwei von außen Löschenden nur langsam vorankamen. Aber das Feuer breitete sich wenigstens nicht weiter nach außen aus. Die Fortschritte von innen nach außen waren beträchtlicher und hoffnungsvoll. Ich konnte Mut machen. Es war schließlich 3 Uhr morgens, als beide Flügel zusammentrafen. Damit war das Feuer unter Kontrolle. Auch das andere Feuer war von den „Hilfstruppen" erfolgreich bekämpft. Die Büsche und wenige Bäume im Brandgebiet konnten wir lichterloh weiter brennen lassen. Da kein unverbranntes Gras mehr darunter war, konnte sich das Feuer nicht mehr ausbreiten.

Auch die allmählich eingetroffenen anderen Nachbarfarmer fühlten sich erleichtert und bedankten sich; denn ihre Farmen hätten ebenfalls dem Feuer zum Opfer fallen können. Auf sich allein gestellt, hatten sie zu wenig Leute, um das Feuer abzuhalten. Schließlich mit uns vereint, machte ihre Hilfe Sinn.

Wir ließen noch eine Brandwache zurück und fuhren dann wieder zur Mission. Ich wollte jetzt nur noch ins Bett. Fast mit Schrecken wurde ich mir wieder bewusst, dass ich ja herzkrank war, und mein Einsatz hätte Selbstmord sein können. Da war wohl Hilfe von oben dabei, dass dies so gut ablief.

Doch es gab nochmals einen Schrecken. Zwei unserer Leute fehlten: Bruder Josef und der Vormann der Farm. Jetzt stand das wild schlagende Herz auf dem Prüfstand. Ich sprang wieder in ein Auto und fuhr hinaus, konnte aber niemanden sehen. Wie hätte ich auch auf dieser Riesenfläche abgebrannten Busches Leichen entdecken können. Siedend heiß fiel mir ein, dass erst kürzlich bei ähnlicher Feuerbekämpfung in der Nähe eine mithelfende Ordensschwester plötzlich vom Feuer umzingelt war und verbrannte. Lieber Gott, bloß das nicht! Ich fuhr in Panik wieder zurück. Da waren aber die Beiden doch noch glücklich eingetroffen. Sie hatten in dem Durcheinander das letzte Auto verpasst und mussten zu Fuß zurückkehren.

Wie aber konnte das Feuer überhaupt ausbrechen? Natürlich ist der Blitz aus heiterem Himmel immer möglich. Auch kann eine Glasflasche wie ein Brennglas wirken. Dass aber fast gleichzeitig zwei Brände nahe beieinander ausgebrochen sind, lässt eindeutig auf Sabotage schließen. Aufklärungsversuche sind da aber verschwendete Zeit.

Für mich war das sozusagen meine Abschiedsfeier aus Afrika. Im Geiste warf ich in so ein Feuer alle unliebsamen Erinnerungen von Afrika hinein und nahm nur das Schöne mit nach Deutschland heim. Dies aber ist so viel, dass es zur Aufarbeitung keines Feuers bedurfte.

Bis heute noch blieben mir viele liebe Verbindungen und Freundschaften, trotz der Entfernung. Und viele Telefonate erweisen sich als ein Begießen des reichlich eingebrachten Saatgutes. Soll es was kosten!

Zum guten Ende

Diese Zeit in Namibia war das Ende meiner 24 Jahre missionarischer Dienst in Afrika. Viele Missionare sind schon über 50 Jahre dort und leisten immer noch, was ihre Kräfte ihnen erlauben. Jeder von ihnen könnte ein Buch schreiben über seine Erlebnisse in Afrika oder auf einem anderen Kontinent.

Hätte ich bei meiner freiwilligen Meldung und sogar meinem Drängen nach Afrika gewusst, was dort alles auf mich zukommen wird, hätte ich dies nie gewagt. Jetzt, rückblickend, kann ich nur dankbar darüber sein, was der Herrgott mir alles zumutete. Mit Seiner Hilfe gelangen unglaubliche Dinge. Das hier Geschriebene ist ja nur eine kleine Auswahl des wirklich Geschehenen. Ich habe dies schriftlich nicht festgehalten, um mich hervorzutun, sondern um jungen Menschen Mut zuzusprechen, dass es sich lohnt, im Vertrauen auf Gott sein Leben einzusetzen. Es wurde so für mich viel schöner und wertvoller, als wenn ich es selbst in die Hand genommen und nach meinen Wohlstandsbedürfnissen ausgelebt hätte. Ich will kein anderes Leben als dieses gelebt haben.

Ich wünsche allen Lesern, die sich durch diese Zeilen bemüht haben, – und ich bete auch in diesem Sinne – dass sie einmal, wenn auch ihr Leben zur Neige geht, die gleiche Freude empfinden dürfen wie ich, dadurch, dass ich das Leben Gott anvertraut habe. Er hat es ja auch uns allen gegeben.

vom gleichen Autor

Pater Johannes Neudegger

Die vergessene Generation

Aus dem Alltag eines Flakhelfers
1944-1945

2010, 132 S., broschiert, € 14,80
ISBN 978-3-8306-7443-6

Deutschland Februar 1944: Mit 15 Jahren wird Hermann Neudegger als Flakhelfer zur Luftabwehr eingezogen. Die Erfahrungen als „Kindersoldat" führen zum Verlust der Jugendzeit und prägen das spätere Leben. Die nachdenklichen Erinnerungen sollen dokumentarisch das Schicksal einer „vergessenen Generation" überliefern.

www.eos-verlag.de

vom gleichen Autor

Pater Johannes Neudegger

Abenteuer für Gott

Erlebnisse in Afrika
1978–1992

2012, 354 S., broschiert, € 19,95
ISBN 978-3-8306-7580-8

Kaum in Ostafrika angekommen, wird Pater Johannes mit einer Klostergründung in Kenia betraut. Ein neues Aufgabengebiet eröffnet sich mit einer weiteren Klosterneugründung im benachbarten Uganda. Im kriegserschütterten Land kann „Major John" einfallsreich und mit viel Gottvertrauen zahlreiche lebensgefährliche Situationen überstehen.

www.eos-verlag.de